Useful sayings of the world

世界のことわざ100

DAN TOGOSHI
遠越 段

SOGO HOREI PUBLISHING CO., LTD

まえがき

ことわざには、人類の知恵が詰まっている。

今回、世界のことわざを集め、それについて解説をさせてもらった。

すべてのことわざに、唸《うな》るしかなかった。

日本のことわざのように日常会話で使っているものもあったが、その意味をよく吟味することなく、用いていたところがあった。

また、ことわざなのか、昔の人の格言だったのか、明確でないものもあった。

例えば、本文でも紹介した「禍福《かふく》は糾《あざな》える縄の如し」などである。

しかし、本書で紹介したことわざのすべては（元々誰かの格言だったかもしれないが）、人々が「その通りだ」「役立つ意味が込められている」と判断し、長年、日常会話に用いることによって定着していったものである。

だから、あまり格言とことわざの違いに目くじらを立てても仕方がない。

すごい知恵が込められていることわざを学んで、身につけることに意義がある。

ドイツの文豪ゲーテは「名言集や格言集は社会人にとって最も賢い友人である」といったという。

私は、世界のことわざを集めて学んでみて、次のようにいえると思った。

「ことわざは、幼児から大人までが身につけるべきことを教えてくれる最も偉大な先生である」

数年前に『世界の名言１００』を出させてもらった。それが広く受け入れられたことは望外の喜びであった。

本書も合わせて繰り返し読んでいただけることで、ますます「読者の志、夢、目標の実現」などに役立つことを確信している。

遠越段

もくじ

第1章 教訓

第2章 知恵

第3章 励まし

第4章 戒め

第5章 真理

第1章

Kara Sea
Laptev Sea
Barents Sea
RUSSIA
KAZAKHSTAN
MONGOLIA
GEORGIA
CYPRUS
IRAN
CHINA
SAUDI ARABIA
SUDAN
INDIA
Arabian Sea
Bay of Bengal
Philippine Sea
VIETNAM
PHILIPPINES
ETHIOPIA
MALDIVES
SRI LANKA
PALAU
FEDERATED STATES OF MICRONESIA
MALAYSIA
INDONESIA
PAPUA NEW GUINEA
SEYCHELLES
Cocos (Keeling) Islands (AUSTL.)
COMOROS
ZAMBIA
MOZAMBIQUE
MADAGASCAR
MAURITIUS
INDIAN OCEAN
AUSTRALIA
LESOTHO
French Southern and Antarctic (FRANCE)
Prince Edward Islands (SOUTH AFRICA)
Tasmania
Sea of Okhotsk

教訓

Greenland
(DENMARK)
Greenland Sea
Baffi Bay
Davis Strait
Denmark Strait
ICELAND
Hudson Bay
CANADA
Labrador Sea
Island of Newfoundland
St. Pierre and Miquelon (FRANCE)
UNITED KINGDOM
IRELAND
PORTUGAL
ATLANTIC OCEAN
Madeira Islands (PORT.)
Canary Islands
Bermuda (U.K.)
THE BAHAMAS
Caribbean Sea
CAPE VERDE
VENEZUELA
Georgetown
French Guiana (FRANCE)
COSTA RICA
Galapagos Islands (Ecuador)
SOUTH PACIFIC OCEAN
PERU
BRAZIL
BOLIVIA
Pitcairn Islands (U.K.)
ARGENTINA
Montevideo
Ascension
Saint Helena
SOUTH ATLANTIC OCEAN
Tristan da Cunha
Gough Island
Falkland Islands (Islas Malvinas)
South Georgia and South Sandwich Islands

001

経験は学校に勝る

学問なき経験は、
経験なき学問に勝る。

イギリスのことわざ

イギリスの名首相であったベンジャミン・ディズレーリは「いかなる教育も逆境に及ぶことなし」といっている。また、サミュエル・スマイルズの名著『自助論』には、スコットランドが生んだ地質学者で作家のヒュー・ミラーの次の言葉が引用されている。

「勤労は最高の教師だ。キリスト教を教える学校を除けば、これにかなうところはないだろう。役立つ能力を与えられ、自立の精神を学び、自己目的を追求する習慣が身につくのだ」

ここでいう勤労とは経験と置き換えてもいいだろう。右のことわざがいうように経験は学問に勝るといえる。ただ、「論語」や「言志四録」でも述べているように、他人からの教えにも素直に学ぶ姿勢もあったほうがいい。

経験は学問に勝るが、他人の教えを無視ばかりしていると自分の成長のためにもったいないし、偏る危険もあるからだ。

002

正直は最善の策

一日だけ幸せでいたいならば床屋に行け。
一週間だけ幸せでいたいなら車を買え。
一か月だけ幸せでいたいなら結婚をしろ。
一年だけ幸せでいたいなら家を買え。
一生幸せでいたいなら正直でいることだ。

西洋のことわざ

このことわざは面白い。最後の「正直」こそが一生を幸せにする秘訣であることに説得力を与えるために、少し長めのたとえ話を展開している。

たとえ話の一つひとつについて解説してみたい。

まず、床屋に行くと、その日はなんだか気分がいい。車を買うと、しばらくは幸せな気持ちでいられるようだ。

「結婚は墓場である」ということわざもあるようだが、長い目で見ると幸せなことであろう。

小学生のころ、「家を建てるのを人生の目標の一つにすべきだ」と教わったが、私は未だに実行できていない。

そして結論は、正直でいよということだ。これが一番難しそうだが、やろうと思えば誰でもすぐできることだ。西洋が先進国となったのも、この正直が最善だという道徳があったからだろう。

新渡戸稲造の「武士道」にもそう書かれている。そこでは西洋の商業道徳として「正直は最良の策」というのがあり、だからうまくいったと紹介されている。

003

幸せとは何か

幸せは去ったあとに
光を放つ。

イギリスのことわざ

「幸せ」とは何だろうか。

定義としては、主観的にこれ以上を望まないほどの満足感を持つことである。

だから幸せというのは、個人個人の感じ方による。

お金持ちになるとか権力者になるとかいうのは客観的なことだが、一つの目標ともなり、それが「成功」などといわれることがある。

お金持ちになることや権力を持つことを目指す人も多いが、それを得たとしても幸せに結びつくことではない。かえって不幸となりやすいこともある。

実は幸せは、日常の何でもないところにある。

しかし人は、このことになかなか気づけない。失ったときにはじめて気づくことになるのだ。

ゲーテはいった。

「国王であれ、農民であれ、家庭に平和を見出せる者が、最も幸せである」

つまり、日常の当たり前の日々こそが一番の幸せであることをいい当てている。

004

チャンスは逃がさない

機会が人を見捨てるよりも、
人が機会を見捨てるほうが多い。

フランスのことわざ

「人生の九割は運である」と有名な時代小説家はいった。そうかもしれない。運のよかった人が、脚光を浴びて成功者になっているようにも見える。

しかし、よく観察すると、運だけで成り上がった人はすぐにだめになってしまう。本物には決してなれていない。

本物は運以上に努力をしている。普段の準備、努力の上に、機会が目の前に来たときにガッとつかんでいるのだ。

機会を逃さないという決断力を運という人もいよう。しかし、正しくは勇気であり決断力である。

アンドリュー・カーネギーはいっている。「機会に恵まれない者はない。ただそれを捕えなかっただけなのだ」と。

ある有名なプロスポーツ選手はいった。

「もし報われない努力があるのならば、それはまだ努力と呼べない」

つまり努力を続ける人にチャンスは必ず訪れるのだ。

005

チャンスを信じてやるべきことをやる

禍福《かふく》は糾《あざな》える縄の如し。

東洋のことわざ

わざわいが福となり、福がわざわいのもとになるように、世の不幸と幸福は隣り合わせになっていて、嘆き悲しむことも、有頂天になることもほどほどにしたほうがよいということだ。

心構えとして何ごとも一喜一憂せず、どんな状況でもチャンスを信じてやるべきことをやり続けよと教える。

「塞翁《さいおう》が馬《うま》」という中国の故事と同じような意味がある。中国の北の塞《とりで》に住む老人の馬が逃げた。同情する人々に向かって、老人は「これがどうして幸いとならないことがあるでしょうか」と答えた。やがて逃げた馬は他の立派な馬を連れてきたという話だ。

吉田松陰は妹・千代にこの二つのことわざを手紙に書いて、自分が牢獄に入ることを嘆くなといった。

「私が牢屋においてこのまま死ぬことになれば、これはわざわいのように思えるかもしれないが、一方においては牢屋の中では、学問をすることもできて、これによって自分を高め、成長でき、後の世のためになる仕事もできる」（現代訳）

006

大事なものを知っておくようにする

何を一番愛しているかは、失ったときにわかる。

西洋のことわざ

このことわざは「何が幸せであるかは、それを失ったときにわかる」ことを意味している。

私は、何年か前に重い病気になった。10か月に及ぶ入院生活をしてみて気がついたことがあった。

それは、何気ない日常を、普通に過ごせていることこそ一番の幸せであるということである。

また、普通に食べて、普通にトイレに行くことができることのありがたさと貴重さにも気づいた。30代のときに母を失ったが、そのときも母を失うことのつらさがあって、母が私にとっていかに大事な存在であったかを知った。

つい最近、吉永小百合主演の「愛と死をみつめて」をなつかしく観た。その中でガンに苦しめられる主人公の女の子は「阪神タイガースが優勝したら死んでもええわ」という。これは日常会話での言葉のあやである。本心は、普通の学園生活や家庭生活、そして恋人とのやりとりこそが幸せであることに死が近づくにつれて気づいていく。私たちは普段から、何が本当に大事なものかを意識しておくべきなのではないだろうか。

007

他人を思いやれる人は、自分を伸ばす人である

情けは人のためならず。

日本のことわざ

この言葉は最近「人に対して情けをかけることは親切のように思えるが、実は人をだめにしてしまうことになるから、控えるべきだ」と解されていることが多いようだ。

しかし、もともとは日本の中世からあることわざの一つで、人に情けや温情をかけることは、まわりまわって自分のためにもなることなのだという意味である。今でも、この用法のほうが正しい。

最近の使い方は、自己責任原則の浸透のためなのか、生活保護は人も社会も活力を失わせるという考えのためなのかよくわからない。

いわゆる利他行為が究極の成功原則だともいわれていて、他人からの見返りを期待して善意を押しつけるのはこれに反すると思われる。

見返りなどを期待することなく、目立つこともなく、あくまでも人のためになることをする人は、世の中が放っておかないというのが正しい道筋である。

008

若いときを楽しみ、しかし、同時に大いに鍛えるべし

幸福は婦人に似ている。
若い者を好み、移り気だ。

ドイツのことわざ

若いときというのは実にいい。

本当はとても楽しいときなのだが、その時代にいるときは気づかないことがある。それは、いつまでも若いときが続くと錯覚するということだ。これは仕方がない。まだその後のことを経験していないからだ。このような若いときを大いに楽しまなくてはもったいない。

また、若いときは、何でも吸収でき、エネルギーも強いから、このときこそ一生懸命に学び、自分を鍛えておくべきだ。幸福は確かに移り気で、そんな楽しい若い時代が過ぎると、どこかに行きやすい。

しかし、若いときから学び続ける人には魅力も力も備わり、誰からも幸福からも好かれる人となる。

幕末の日本を代表する長寿の学者・佐藤一斎はいった。「朝に食べていないと、昼に空腹となる。同じように若いときに学んでいないと、壮年になって困る。つまり正しい判断もできなくなるのだ」と。

若いときの幸福を一生持ち続けるためには、若いときから学び鍛え続けるしかない。

009

逃げるが勝ち

逃げるのは恥だが役に立つ。

ハンガリーのことわざ

このことわざの意味は、自分が勝負すべきところをよく考えて、ここではないというときには、一見、恥のようだが、大局を考えて、逃げるのが得策であるということである。

日本のことわざにいう「逃げるが勝ち」もこれに近いものがある。「逃げるが勝ち」は、そこで相手に勝ちを譲ったほうが、大局的には勝つことになることを意味する。

戦国時代に織田信長死後の覇権を争った豊臣秀吉と徳川家康の、いわゆる小牧・長久手の戦いにおいて、兵力には優るものの、軍にまとまりのなかった秀吉は、戦場から去って大坂に戻った。後は、得意の調略で支配力をじわじわと家康に及ぼしていった。表面上では小牧・長久手の戦いは、家康が勝った形だが、後々の結果を見ると秀吉に軍配が上がる。

私たちの人生においても、すべてにおいて勝つ必要はない。あるときは負けて、逃げた形をとってしまうほうが後々の自分のためになることはよくある。ただ、逃げても次の挽回策を立てておくべきである。

010

男女関係は難しいが、永遠のエネルギー源

据え膳食わぬは男の恥。

日本のことわざ

右の言葉は、女から男を誘うわけにはいかないという、女性側の都合のいい理由に使われているような気がしないでもない。

男はつらい。やはり女の気持ちを常に推し量り、その期待を的確に見抜いて、期待があると確信できた場合には、行動に移さなくてはいけない。

このことわざのことをよく考えて、従わなくてはいけないこともあるのだ。

最近の若い男性は、精力というか女性に対する興味が薄れているように見える。

しかし、「人間は天使であるとともに動物である」と喝破したパスカルのように、動物たる本能がなくなるはずはない。

男女関係に自由度が増し、昔のようにガツガツしなくてもよくなっているだけなのかもしれない。

011

われ以外皆わが師

先生からは多くを、
仲間からはもっと多くを、
弟子からはさらに多くを、
学ぶものだ。

イスラエルのことわざ

昔から師友をよく選べとされてきた。
つまり先生と友人、仲間でその人の人生がより大きく成長するかどうかが決まりやすいので、どの人から教わり、どのような人とつき合うかがとても重要であるということになるのだ。

イスラエルのことわざでは、実は先生よりも友や仲間からのほうが多くを学べるといっている。確かにそうかもしれない。先生から教わったことは、切磋琢磨し、競い合い、励まし合ってこそ、より身につくものだからだ。さらに教わったこと以外のこともいろいろ刺激し合えるので役に立つ。そして、さらに弟子によって、もっと多くのものを学ぶことができるという。

弟子というと教え子や自分の後輩、さらには自分より若い人たちも含んでいいだろう。時代は日々変わり、新しくなる。こうした弟子たちに教えることで逆に新しい知恵もわかろうというものだ。

国民的作家であった吉川英治の座右の銘「われ以外皆わが師」という気持ちでいることで、いつまでも進歩、成長できる人となるといえそうだ。

012

言い訳ばかりしない

何かをしたい者は
手段を見つけ
何もしたくない者は
言い訳を見つける。

アラビアのことわざ

言い訳ばかりする人を、たまに見かける。

どの人も、人に嫌われていた。それはよくわかる。自分の非を絶対に認めないのだから。

最も多いのは、いつもではないものの、勝負どきや大事のときについ言い訳が出てしまう人である。

「これは大変難しいことだからしょうがないよね」

「私も頑張ったんだけれど」

と前置きしつつ、言い訳をする。

そこで「よいしょ」と踏ん張り、よい手段を見つけることができれば、私たちの人生も一味違ってくるのではないか。

その手段を見つけられるまではできるかぎり言い訳をしないことにしたい。これができる人は、やはり物が違ってくる
言い訳は、何もしたくないことを示すものと自分を戒めたいものである。

013

お金の使い方

お金は肥やしのようなもの。まき散らさないと役に立たない。

西洋のことわざ

このことわざは、節制するより、人生を楽しむためにも、使えるだけのお金を大いに使おうという考え方が背景にある。

一方、日本人はこれまで、節約し、貯金をするのが美徳とされてきた。

しかも税金を払いたくないと考える。これは当たり前の感覚だが（増税策はよくない！）、何とタンス預金総額は８００兆円あるとかウワサされている。

お金は、しかし、ある程度、回ってこその経済の繁栄がある。貯金はいいことだが、国民全員がそればかりだと不景気になる。

ドイツのある文豪は「耳ある者は聞くべし。金ある者は使うべし」といっている。

お金を使うことも社会の活性化のためには必要なことだ。自分も楽しくなる。

自分の生活をにらみ、損なわないことを原則としながらも、程よくお金をまき散らしていくことで、世の中はうまくいく。

014

時には馬鹿になれ

時に愚人の素振りができない人は、本当の賢人ではない。

西洋のことわざ

英雄になる人というのは、人に愛されなければならない。

だから英雄は笑顔がとても魅力的な人であることが、必要であるという。

英雄とまではいわなくても、何か事を成す人、人に好かれる人というのは可愛げのある人である。

いつも賢こぶっている人ではだめだ。ときには愚人のふりができ、馬鹿になれるような人でないといけない。

孔子も中庸《ちゅうよう》の人がいいとしながらも、その中庸の人というのは滅多にいないから、狂《きょう》者、狷《けん》者（へそ曲がり）と交際したいと述べている。

狂うとはここでは愚人のようではあるが、一つの理想に向かってまい進する人のことをいう。

やはりときには馬鹿になれる人こそ、賢人なのではないかというべきであろう。

015

焼きもちはほどよく焼く

焼きもちとかきもちは焼くほうが良い。

日本のことわざ

日本人がよく使ってきた名言の一つに「焼きもちはほどよく焼け」というのがある。

焼きもちというのは、他人への嫉妬のことである。「焼きもちは狐色《きつねいろ》」ということわざもあるが、焼きもちは人間として自然であるから、無理になくしてしまうより、狐色にほどよく焼くべきだというものである。

このことわざはもともと女の焼きもちをいったものだが、人間関係全般に当てはまるものだろう。

ほどよい焼きもちは好ましいが、行き過ぎると相手のみならず、みんなに嫌われてしまうことになる。

焼きもちや他人への嫉妬は、まったくないのも問題である。というのも、これは一見できた人のようではあるが、実は、自己愛が足りず、自分の向上心に欠けてしまっていることが多いからである。

自己愛、自己信頼はすべての出発点である。誰にでもあるべきものだ。あとは、行き過ぎないように、ほどよくということを考えることになる。

だから焼きもちは、ほどよく焼きたい。

016

嫌なことは忘れるに限る

どうにもならないことは、
忘れることが幸福だ。

ドイツのことわざ

ユダヤの格言に「自分の力ではどうにもならないことは心配するな」というものがあるが、これもここのドイツのことわざと通じるものがある。

人の悩みの多くは取り越し苦労といわれる。

起きるかどうかもよくわからないのに、心配してばかりいて、ついには精神が参ることもある。

心を健全にしておき、問題が起きても対処しうる状態にしておかなくてはいけない。だからどうにもならないことは忘れることが幸福なのだ。

デール・カーネギーは悩みの解決法として、三つに分けて考えることを勧めている。

1．その問題が最悪どうなるかを想定する。
2．どうしようもないとわかれば覚悟を決めてしまう。
3．そのうえで最悪にならないために一つずつ改善していく。

つまり、2のどうしようもないことは、覚悟してしまえばいいのだ。あとはことわざにあるように忘れてしまえばいい。起きたときはそのときである。すでに覚悟はある。それまで心を悩ませても仕方がない。

017

希望

一年の希望は春が決める。
一日の希望は暁が、
家族の希望は和合が、
人生の希望は勤勉が決める。

中国のことわざ

このことわざの前半は、物事は最初の計画、そしてそれが希望にもとづくものであることの重要性を教えてくれている。日本でもよく「一年の計は元旦にあり」という。また昔から初一念《しょいちねん》（初心）が大切だと強調されてきた。

初めから希望のない計画では、頑張りようもない。ヘレン・ケラーも「希望がなければ何事も成就するものではない」という。

後半は、日本人の特徴である「和」と「勤勉」の重要性を説いている。ただし日本人は家族のみではなく、集団の和を大切にするが、一方、中国では家族の和、仲間うちの和のみを大切にするという違いがある。

人生の希望は勤勉にあるというが、中国では勤勉よりも人のつながり、コネを最大に重要視しているふしがある（欧陽居正・著、正木義也・訳『中国商人儲けの知恵』総合法令出版参照）。

日本人の場合は希望というより、それが生活信条のようなものである。その上での「人生の希望は勤勉が決める」というのはさらに素晴らしい教えだと思う。

018

失敗は生かすためにある

四本の足を持つ馬でさえつまずく。

イギリスのことわざ

つまずかない人はいない。

大切なのは、そのつまずきをどう捉えるかだ。

つまずくことを恐れていては何もできない。チャーチルが楽天家がいいといったのもそのためである。

先日、『エジソンの生涯』という本を読んだ（マシュウ・ジョセフソン・著、矢野徹、白石佑光、須山静夫・訳　新潮社）。

読んで思ったのは、この発明王は、失敗ばかりしているではないかということだった。また訴訟、もめごとはしょっちゅうである。

しかし、エジソンは失敗したなんて思ってもいない。「私は失敗したことがない。一万通りの、うまくいかない方法を見つけただけだ」という。

「私は、決して失望などしない。なぜならどんな失敗も、新たな一歩となるからだ」ともいう。

この前向きさは、あきれるほどだ。

しかし、こういう態度があったからこそ発明王になれたのだ。

019

言葉に対する反応力と感受性

言葉に打たれぬ者は、杖で打っても効き目がない。

ギリシャのことわざ

人間は、まず言葉が大切である。そして次に行動である。

言葉すなわち知と行いが合致する、いわゆる知行合一《ちぎょうごういつ》を説いたのは王陽明《おうようめい》の陽明学である。佐藤一斎、吉田松陰、西郷隆盛たちも影響を受けている。

言葉イコール行動というのが、できる人たちのあり方のようである。

だから、吉田松陰にしろ西郷隆盛にしろ、言葉を大切にした。決してないがしろにしなかった。

言葉に反応する力、感受性があることは一流の人間である最低条件のようなものである。

感受性がないと何をやってもうまくいかないと説いたのは、松下幸之助や、プロ野球監督だった野村克也氏である。

ところが、口先だけ調子を合わせる人もいる。

口先だけ、見かけだけの人は、言葉に打たれることもなく、杖で叩かれても効き目がない人のことである。つまり成長が止まった人である。

020

人間として優れている人の資質

愛すること、忘れること、
そして許すことは、
人生の三つの試練。

スウェーデンのことわざ

人間として優れている人の資質を測るバロメーターには、いくつかのものが考えられるが、ここにあるスウェーデンのことわざが教えてくれる三つのものは、相当に高いレベルの人であることがわかるものである。

高レベルかつ人間の本質的なものであり、私たちが生涯目指していきたいものである。

まず愛することである。愛とは定義することは難しいが、私は、相手のよき点を見つけ、伸ばし、育てていくことができる心を持つことだと考えている。

こう解する立場から人間の生み出すよきものはすべて愛がもたらすものだと解される。逆に愛がない人の生み出すものはよくないものばかりである。

次に忘れることであるが、忘れることができることで人間の幅は広がり、新しいものを生み出すことができる。

最後に許すことである。許すことのできる人は心が奥深くて、広い。人間への深い理解もある人だ。なかなかできることではないが、人を許せるほどの度量がある人は本当にレベルが高い。

021

人は一人で生きられるものではない

喜びは分かち合うことによって
倍になり、
悲しみは分かち合うことによって
半分になる。

スウェーデンのことわざ

人間は人の間と書く。人は自分一人では生きられない。人と人とのつながり、間の中で何とか生きていける。ここにあるスウェーデンのことわざは、まさに端的にそれを教えてくれる。

例えば、喜ぶことがあったとする。一人で悦に入る人もいようが、稀である。

一人ではちっとも喜びを感じない。これは本当に喜ぶことなのかもわからなくなる。喜びにはいろいろあり、自然の美しさ、有難さに感動することもある。しかし多くは他の人との競争や社会がつくり出した制度の中で、喜ぶものを手に入れることが多い。これも人なしにはないものである。

一方、人生には、悲しいことも起きる。孤独で一人悲しむこともあろう。しかし、ほとんどの人は、その悲しみをまわりの人と分かち合うことで、悲しさに耐え抜く力を得ることができる。

だから人が悲しんでいるときは、それを分かち合ってあげられる人であってほしい。こうして人はみんなで何とか生きていけるものなのだ。

第2章

Kara Sea
Laptev Sea
Barents Sea
R U S S I A
KAZAKHSTAN
MONGOLIA
CHINA
IRAN
GEORGIA
CYPRUS
SAUDI ARABIA
SUDAN
INDIA
Arabian Sea
Bay of Bengal
Sea of Okhotsk
Philippine Sea
PHILIPPINES
VIETNAM
MALAYSIA
INDONESIA
MALDIVES
SRI LANKA
PALAU
FEDERATED STATES OF MICRONESIA
PAPUA NEW GUINEA
SEYCHELLES
COMOROS
MAURITIUS
MADAGASCAR
Cocos (Keeling) Islands (AUSTL.)
INDIAN OCEAN
AUSTRALIA
Coral Sea
Tasmania
French Southern and Antarc (FRANCE)
LESOTHO

知恵

Greenland
(DENMARK)
Greenland Sea
Baffin Bay
Davis Strait
Denmark Strait
Hudson Bay
CANADA
Labrador Sea
Island of Newfoundland
St. Pierre and Miquelon (FRANCE)
UNITED STATES
Washington, D.C.
Los Angeles
N. ATLANTIC OCEAN
UNITED KINGDOM
IRELAND
PORTUGAL
Madeira Islands (PORT.)
Canary Islands (SPAIN)
Western Sahara
CAPE VERDE
THE GAMBIA
GUINEA-BISSAU
THE BAHAMAS
BELIZE
Caribbean Sea
TRINIDAD AND TOBAGO
VENEZUELA
Georgetown
French Guiana (FRANCE)
COLOMBIA
Galapagos Islands (ECUADOR)
PERU
BRAZIL
BOLIVIA
SOUTH PACIFIC OCEAN
Pitcairn Islands (U.K.)
Archipelago Juan Fernandez (CHILE)
CHILE
ARGENTINA
Montevideo
Falkland Islands (Islas Malvinas)
South Georgia and South Sandwich Islands
Ascension
Saint Helena
SOUTH ATLANTIC OCEAN
Tristan da Cunha
Gough Island

022

すべてにうまくいく法

最善のものを希望せよ。
しかし最悪のものに備えよ。

西洋のことわざ

世界で最高の兵法書といわれるのが「孫子」である。ナポレオン、ヒトラーからビル・ゲイツ、孫正義氏まで、勝つために必要なものは何かを求めて「孫子」に学んでいる。

アメリカ軍もベトナム戦争での失敗を反省し、やはり「孫子」に学べということになった。中国も「孫子」の兵法を一応は実践している。

今では世界中の人が「孫子」を修めることで、国と組織も、個人の人生もよくなろうとしている。

しかし、結局のところ本当に「孫子」の考えを身につけているかどうかで、その勝ち負けが決まるようだ。

「孫子の兵法」を一言でいえば、「最善のものを希望せよ。しかし最悪のものに備えよ」ということだ。

そのためにも、よく「彼を知り己を知らなければならない」。そうすることで最悪から逃れる方法も、最善のものを手に入れる方法も見えてこよう。

023

神様は見ていてくれる

「神様お願いします」より
「神様のおかげです」がいい。

ロシアのことわざ

私たちは困ったときは神様にお願いをしがちである。これが人情というものである。

しかし、だからといって神様がえこひいきしてくれることはまずない。ちゃんと見ていてくれる。

神様にお願いするより、ちゃんと努力をしている人がそれだけの成果を得ていくことになる。

だから剣豪・宮本武蔵は「我、神仏を尊びて神仏を頼らず」といった。剣の勝負に神頼みでは命がいくらあっても足りなくなる。

高校受験のとき、友人たちと太宰府天満宮に神頼みに行った。合格した者も不合格の者も出た。ちゃんと菅原道真《すがわらみちざね》もいっている。「心だに誠の道にかなひなばいのらずとても神やまもらむ」（心に誠意を持ち、道理にかなった行動をしていれば、ことさらに祈らなくても神は守ってくださるであろう）

神様にお願いするかどうかより、誠実にやるべきことをやる人を神様は守ってくれるということだ。日本でいう「お天道様は見ていてくれる」は、古今東西の真理である。

024

心の持ち方

不幸な人は希望を持て。
幸福な人は用心せよ。

ラテンのことわざ

幸、不幸は心の持ち方がもたらす。

それでも、こんなつらい目にあって神も仏もないものかと思うときもある。

「絶望は愚か者の結論である」という言葉がある。

希望を持つ人は、何とか前向きに生きていける。この中に、光が差し込むときがやってくることになる。だから何があろうと希望は失ってはならない。

反対に、幸福に酔う人は危険が訪れやすい。

幸福であるときは、それ以上の欲をかかずに、用心を忘れずにしておくのがよい。

菜根譚《さいこんたん》も教えている。

「天が人に与え、操る運命を知ることはできない。抑えるかと思えば、これを伸ばし、かと思うと、またこれを倒してしまう。しかし、天が逆境を与えれば、これを順境とし、平穏なときには、いざというときの心構えを忘れないようにしたい。天もこのような人に対しては手の下しようがない」

025

若いときは必死に仕事に勉強に励みたい

年をとってから暖まりたいものは、
若いうちに暖炉を
作っておかなければならない。

ドイツのことわざ

人は一生勉強したいものである。

そして仕事をしたい。

それなら若いときこそは、必死に頑張らなければならない。

というのも、若いときはエネルギーもいっぱいだし、失敗してもやり直せばいいからだ。

若いときから楽な道がいいとしていると、年をとってからが悲惨なことになる。

それは自分が招いたことであるが、若いときには気づきにくい。いつまでも若くいられる、年なんかとらないだろうという錯覚に陥るからだ。

しかし、あっという間に年をとるのが人間である。これは私自身の実感である。

若いときに頑張ってきたつもりでも、やり足りなかったのではないかという反省がいつもある。

自分を壊さないという程度は自分自身でわかる。その範囲で、若いときどれだけやれるかが一生の財産となる。

026

自らの心の声に従え

事にあたり
良心の命《めい》に耳をかたむけよ、
生涯に悔いを残さないために。

ラテンのことわざ

孟子の有名な言葉に「自《みずか》ら反《かえり》みて縮《なお》くんば、千万人《せんまんにん》といえども吾往《われゆ》かん」というのがある。

まさに、ここにあるラテンのことわざを孟子得意の名調子でいっており、私たちを奮い立たせるものである。

この言葉は日本の武士たちの間でも貴ばれた。

自分の良心に忠実に従うことは洋の東西を問わず、大きなことを成し遂げていく力となるようである。

アメリカの聖職者であるジェームス・フリーマン・クラークもいう。

「すべての真の勇気は、良心から生まれる。人が勇敢であるためには、自分の良心に従うことが大切なのだ」と。

自分の良心の命に耳を傾けるということは、徹底した自己信頼を生む。自己信頼は自分を信じて進むということだ。こうして決して後悔することのない生涯を送ることになる。

027

祈っているだけではだめだ

お祈りは唱えても、
櫂《かい》の手は休めるな。

ロシアのことわざ

お祈りは大切だ。
だが、もっと大切なのは、日常の行いである。
そのことを、ここのロシアのことわざは教えてくれる。

例えば、小さな船で嵐にあったとき、嵐がおさまるように祈っているだけではしょうがない。櫂を必死にこいで、助かるように努力しなければならない。

こうした小船の話だとすぐ納得するものの、私たちの人生全般のことになると、つい気づかなくなることも多い。

結果として、祈ってばかりになってはいないかとの反省が必要となる。やるべきことを一生懸命にやる。そのうえで祈り、感謝することを忘れないようにしたい。

話は一転、下賤《げせん》のことになるが、わが国の昔の川柳で面白いものがあった。

「泣きながらよい方を取る形見分け」

これも泣いてばかりではだめで、同時に必要なことはやるという庶民の知恵である。

028

言動はよく慎む

君子危きに近寄らず。

日本のことわざ

君子は立派な人のことをいうが、ここのことわざでは君子はちょっと茶化した感じで使われており、普通の常識人という意味にとることができる。

その常識人というか、われわれ一般人は、余計な騒動、危ないことに巻き込まれてはならないことを教えてくれる。そのためには、言動に慎み、冒険して賭けに出るようなことはやめるべきとの戒めを含んでいる。冒険あるいは冒険的事業は英語でベンチャーという。ここのことわざでは、起業家すなわちベンチャーは勧めない。

有名な経営コンサルタントは「ベンチャーで成功する人は、普通の人でない」と漏らしていた。そういえば〝海賊とよばれた〟出光佐三は次のことをいっていた。

「イージーゴーイングは絶対に排除し、努めて自分から難関に向かうように」する、と。

ここぞというときには冒険、挑戦もありだが、わざわざ難関、危険を求めるのはどうか。だから私たちのような凡人でなく、尊敬される〝海賊〟なのだろう。

029

歴史、古典に学ぶ

急いで行こうと思ったら古い道を行け。

タイのことわざ

「歴史は繰り返す」（古代ローマの歴史家、クルティウス・ルフスの言葉）ものであるし、人間の行いは昔からそう本質が変わるものでない。だから歴史を学ぶことは、同じ間違いをしなくなるし、目的地に行くための早い道を教えてくれる。

また、古典も昔からその価値が高いことから、これも学ぶと、余計な遠回りを避けることができる。

儒教の創始者のようにいわれる孔子もいっている。

「私は昔から伝わる古典や歴史に学び、それを基本として述べているのであって、何も自分で創作しているのではない」

一人の人間がいかに天才的な能力を持っていたとしても、自分一人の知恵だけでは大したことはできまい。古くから人々が作り上げてきた道を、さらに整備するくらいのものである。新しい道も古い道をまったく無視しては間違ってしまうことになる。

030

いつまでも甘えていてはいけない

人があやしてくれるときに笑いなさい。でないと、やがて人はあやしてくれなくなりますよ。

西洋ことわざ

人間関係は難しい。対の関係にあるから、こちらの都合ばかりでは何ともならない。

人の和を重んじる日本人は、対人関係で甘える傾向にある。人は、落ち込んだり、傷ついたりした人に手を差し伸べる。不機嫌な人はあやしてくれる。

これに甘える人もいる。人があやしてくれることに一種の快感を覚えて、いつも不機嫌なフリをしてしまうのだ。ところが、人は優しいようであるが、いつまでも甘くない。

立ち直ろうとしない人や、いつも不機嫌な人と関係を持ちたくなくなっていく。

それはそうだろう。みんな自分のことで精いっぱいなのだ。そんな自分の状況の中で何とか助けてあげたいと思い、あやしてくれる。それが、いつまでも自分で立ち直ろうともしないような人であれは、「もういいよ」となるのだ。

自分のことは何とか自分でやれるようにし、人が困れば助ける。これを生き方の基本とせねばならない。

031

人生はその人次第

人生はメッセージです、聞きなさい。
人生は信念です、信じなさい。
人生は贈り物です、受け取りなさい。
人生は愛です、想いなさい。
人生は冒険です、挑戦しなさい。

アフリカのことわざ

これまで数え切れないほどの人たちの人生があった。誰一人同じ生き方はない。ということは、これが正解だということもない。

しかし、その中でも目指したい方向性というか、自分に向いた生き方を探していくために必要なことを教えてくれるのが、ここのアフリカのことわざである。

ここにあるアドバイスは決して具体的でないものの、私たち一人ひとりが、必要としている姿勢である。

少しだけ説明させてもらうと、まず「人生はメッセージです」というのは、人にはそれぞれ天や神から与えられたミッションがあるというものであろう。「人生は信念です」というのは自分の目標を決めたら、何としてもやり通すという心を持てということである。「人生は愛です」というのは、すべてよい物は愛から生まれることを教えてくれる。「人生は冒険です」というのは、だから自分の思いを実現していこうと励ましてくれるのである。

032

やりたいことを明確にする

口に出さなければ
神様も聞き届けようがない。

イタリアのことわざ

ここのことわざでは、はっきりと意思表示をしなければ神様だってどうやって救っていいかわからないといい、やりたいことを明確にすることの大事さを教えている。自分で何をやりたいのかをはっきりさせることは、簡単なようで難しい。

神様は、その人が誠実であれば、そして努力を怠らなければ、必ず助けてくれる。

しかし、自分のやりたいことが本人にも明確にわからないと、誰もどうしようもないのである。

やりたいこと、目標にしたいことをはっきりさせるには、どうしたらいいのだろうか。

一つは、ここのことわざにもあるように、口に出すということであろう。口に出すことで考えがまとまり、何がやりたいかがわかってくる。もちろん神様にだってわかる。もう一つは書き出してみることである。日記やノート、他人への手紙などに書くとよい。さらにいいのは、書いたものを声に出して読んだり壁に貼ることだ。人は、自分で考えたことも忘れることがあるので、その防止策となる。

033

絶対に負けてはいけない

戦争でも恋愛でも
勝つ者がいつも正しい。

スペインのことわざ

「歴史は勝者がつくる」といわれる。

ある意味そうであろう。勝者は自分に都合のいい歴史を残すものである。敗者が正当化されるものは許されないし、それゆえ残らなくなる。

日本も前の大戦で敗れ、いわゆる〝東京裁判史観〟が戦後70年も過ぎたというのに、まだまかり通っている。だから戦争をするなら絶対に負けてはならない。「孫子の兵法」が今でも世界中で信奉されているのは、このゆえである。負ける戦争はしてはいけない。勝てるまで力を蓄えて、弱ければ権謀術数を使いながら負けない策を考えなくてはいけない。

ここのことわざは、スペインのものらしく、戦争だけでなく恋愛にもこのことはいえるとする。

恋愛は勝たなくとも、文学にはなりうる。思い出も残る。しかし、目的は恋愛の成就にあるのならば、そのためにあらゆる手を尽くすべきだとなる。この面でも「孫子の兵法」の応用が役立つ。また、ここでも絶対に必要なのは、クラウゼヴィッツが『戦争論』で力説したように、最後まで負けないぞという意思である。

034

頭がさえているのは朝

朝は前の晩より賢い。

ロシアのことわざ

若いときは夜も頭はよく働く。それでも夜の思索は飛躍する面白さはあるが、冷静な部分がかなり抜ける。前の晩に書き上げたラブレターを翌朝読むと、とても出せたものではないと恥ずかしくなったという経験をした人も多いはずである。

まだ20代はいい。しかし、30代を超えたあたりから夜の頭の働きはぐっと落ちてくる。

例えば、売れっ子作家で大量のものを書くという時代小説家・佐伯泰英《さえきやすひで》氏は午前中にその日の分は書き終えるという。

漢字の研究で95歳まで大量の執筆を続けられた、故・白川静《しらかわしずか》氏は午前中に三〇〇字詰原稿用紙でほぼ20枚近くを書き、あと10枚を午後と夜で書かれたそうだ。

やはり夜より朝のほうが断然生産性はいい。

若いうちから朝を大事にするという習慣をつけておくことは大事だ。遅くとも30代からはそうしておきたい。すると40代から90代までの仕事も充実していく。

035

話し方に気を使いたい

真実の矢を射るときは、その先端を蜜に浸せ。

アラビアのことわざ

私の反省すべき点をズバリ指摘してくれることわざである。何も自分が正しいとは限らないくせに、特に目上の人、いわゆる権力や権威のありそうな人に対して思ったことを正直にいってしまい、トラブルを起こすことがよくあったのだ。

救われるのは、同病相憐《どうびょうあいあわ》れむ人とか、自分と同じように権力も権威もない人には、このようなことはいわないところであろうか。それでも、常に相手のことをよく考えて、いい方を間違えないようにしたい。

というのも、誰だって自尊心があるからだ。

〝武士道の論語〟ともいわれる「葉隠」もいう。

「たいていの人は、人が聞きたくないいいたくないことをいうのが親切のように思い、それを相手が受け入れないと、どうしようもないとあきらめる。しかしこれでは何の役にも立たない。人に恥をかかせ、人の悪口をいうのと同じである。自分の気晴らしにいったに過ぎない」

言葉は相手の心を気づかい、そして蜜を浸してから口にすべきである。

036

怒りは消し去れ

過去を忘れ、心から怒りを消し去れ。
どんな強い人間も、
そんな重荷に耐え続けることはできない。

チェロキー族のことわざ

チェロキー族はアメリカ先住民（いわゆるインディアン）の一部族である。

チェロキー族の血を引いている作家、フォレスト・カーターの『リトル・トリー』（和田穹男・訳　めるくまーる）は、私の愛読書の一つである。何度読んでも涙が出る。

『リトル・トリー』を読んでいると、中国共産党の毛沢東にだまされていったチベットのことが思い浮かぶ。

また、ここにあるチェロキー族のことわざもチベットのダライ・ラマ法王（十四世）の述べている言葉と通じるものがある。

インディアンをだまし、追いやった（あるいは殺した）侵入者たる白人は「愛」をうたうキリスト教を信じている。中国人も相手を思いやるという「仁」を一番の価値があるとする。

「愛」も「仁」も人間の理想だし、私たちが目指すべきものである。怒りも消し去りたい。

ただ、国家や組織の存続のためには誇りを守り通すことも必要なときがあるのも現実だ。

037

問う技術

迷わんよりは問え。

日本のことわざ

問い方でその人の実力の程、人間性がよくわかるという。では、どういう問い方がいいのだろうか。

まずは、迷うほどに考えていることは、とにかく人に問うてみることである。

プライドが高すぎると、人に質問するのも嫌という人もいるが、愚の骨頂だ。自分の人生をよくするのに変なプライドなんかくそくらえだ。

次に、やたら質問するのもよくない。

よく悩み考え、自分でも調べ尽くしたことがわかるほどでないと、相手もすべてを出して教える気にならないだろうし、もし教えてもらっても、それがどのように役立つかわからないはずである。

そして教えてもらえたならば、相手に感謝することである。

感謝されることで教えたほうは教え甲斐はあるし、教わったほうもこれで学べたと喜ぶ。

ところがこの感謝が難しい。素直に感謝できる人というのも、なかなかの人物であることの証明となる。

038

自分にできることを精いっぱいやる

ガゼルは知っている。
最も足の速いライオンよりも速く走らなければ、
殺されてしまうことを。
ライオンは知っている。
最も足の遅いガゼルよりも速く走らなければ、
飢え死にしてしまうことを。
あなたがライオンなのか
ガゼルなのかは問題ではない。
夜が明けたら、とにかく走ることだ。

アフリカのことわざ

じっとしていれば死ぬだけだ。

自分の持てる力を精いっぱい使っていないと、やられてしまう。死が待っている。

これはガゼルとライオンだけの問題ではない。

人間の世界でも同じである。

同じではあるが、現代はいろいろとカモフラージュがされているから、わかりにくいところがある。

国家は社会制度を設けて、全力を出せない事情のある人たちをある程度救うようになっている。

問題は、一生懸命に働かない人の中でも、この制度をうまく利用して怠ける人が出てくることだ。よその国からもこれを狙って入り込んでくる人がいる。

これには二つの問題がある。一つはこれを放っておくと国家経済はいずれ破たんしてしまうということ。

もう一つは、本来全力を尽くして頑張れるのに、怠けてしまう人は、自分の能力を発揮できなくなってしまうということだ。

後者の問題のほうが大きい。せっかくの自分の能力をだめにするだけだからだ。さあ、全力で走るのだ。

039

人をほめたい

人はけなされると怠け者になり、
ほめられると力が湧いてくる。

スコットランドのことわざ

奇跡の教育者といわれた吉田松陰は、どうして奇跡を起こせたのか。

その理由は、全身全霊で相手の心に訴え、あなたならできると心から信じてほめあげたからである。

若者たちが旅をするときには、出発前に手紙を渡して励ました。

また小伝馬町の牢でも、処刑される前に囚人仲間たち（世間に恐れられている人たち）の要望で講義をしている。聞く者はみな涙を流していたという。

人間を伸ばすのには、心からほめること、しかもその人のいいところを見つけて、ほめることが一番効果がある。

それができる人が、人を伸ばす人であろう。

最近の研究では、ほめられると脳は活性化するという。認知症治療でも効果があるようだ。

若い人ほどほめて伸ばしていきたい。

040

愛することで人は成長する

汝の愛を選びなさい。
汝の選びを愛しなさい。

ドイツのことわざ

すべてのものを愛せればいいが、それは無理だ。人には限りというものがある。だから自分が愛するものを選ばなくてはいけない。すべてを愛するというと一見よさそうだが、すべてを薄く愛することになる。

愛の本質について私は前に「人のよいところを見つけ、それを育てること、成長させること」といった。このほかに愛するということは、感謝することでもある。自分が見つけ、育てること、成長させることは、自分にとってもありがたい存在を生み出していくことにもなるからである。

以上からすると、愛は動詞である。ここのことわざのように「選びを愛しなさい」ということになる。こうして愛は、行動をともなうものとなる。

そして、その愛はいつしか相手への「尊敬」(リスペクト)になっていく。

ドイツの哲学者、ヨハン・ゴットリープ・フィヒテは「尊敬ということがなければ真の恋愛は成立しない」といった。私もそう思う。

第3章

Kara Sea
Laptev Sea
Barents Sea
RUSSIA
KAZAKHSTAN
MONGOLIA
CHINA
IRAN
INDIA
SAUDI ARABIA
SUDAN
ETHIOPIA
Arabian Sea
Bay of Bengal
Philippine Sea
PHILIPPINES
VIETNAM
MALAYSIA
INDONESIA
PAPUA NEW GUINEA
AUSTRALIA
INDIAN OCEAN
MALDIVES
SRI LANKA
SEYCHELLES
COMOROS
MOZAMBIQUE
MADAGASCAR
MAURITIUS
Cocos (Keeling) Islands (AUSTL.)
FEDERATED STATES OF MICRONESIA
French Southern and Antarctic (FRANCE)
Prince Edward Islands (SOUTH AFRICA)
Tasmania
Coral Sea

励まし

Greenland
(DENMARK)
Davis Strait
Labrador Sea
ATLANTIC OCEAN
Gulf of Mexico
THE BAHAMAS
Caribbean Sea
MEXICO
CUBA
BRAZIL
BOLIVIA
ARGENTINA
CHILE
SOUTH PACIFIC OCEAN
SOUTH ATLANTIC OCEAN
Canary Islands
Madeira Islands
CAPE VERDE
IRELAND
PORTUGAL
French Guiana
Ascension
Saint Helena
Tristan da Cunha
Gough Island
Falkland Islands
(Islas Malvinas)
South Georgia and
South Sandwich Islands
Los Angeles
Pitcairn Islands

041

運命

忍耐は運命を左右する。

ラテンのことわざ

運命はある。ただ運命は忍耐力によって変わることがある。

物事を成功させるには時というものを味方にしなければならない。孫子が天の時を得ているかどうかを大切にせよといったのは、そういうことでもある。これが運命をよくする。その「時を待つ心」には、十分な準備を続けるということも必要となる。準備とは、夢や希望さらには目標に近づくための努力、練習、修養、勉強というものだ。

イギリスの生んだ名首相の一人、ベンジャミン・ディズレーリは、小説家としても成功している。ディズレーリのモットーは「絶望は愚か者の結論である」ということだ。目的を定めたらそれを見続け、努力をして、チャンスを待った。とにかく忍耐強く進んだ。

このように忍耐は運命を左右する。目的を達成するという人生を歩んだ、彼の言葉には説得力がある。

「人生における成功の秘訣とは、チャンスが訪れたときにそれはいかせるように、しっかりと準備しておくことだ」

042

道に迷ってもいい

道に迷うことこそ
道を知ることだ。

アフリカのことわざ

道に迷うことなく、人の作った、あるいは用意したルートを真っ直ぐに進むことは、よいことのように思える。

通常のドライブや山登りでは、必要なことであろう。しかし、これが人生航路となるとそうではなくなる。一見、道筋を人が用意してくれて、それに乗っかると万全のようだが、実際はそういう例はほとんどない。もしあったとして何が楽しかろう。ちょっとの障害物があるだけで止まってしまいかねない。

地図は絶対あったほうがいい。しかし、人生航路の本当の道は、迷いながらも、さらに自分でその地図を正しく完成させていくことで見つかるものだ。

兵法の一つに「迂直《うちょく》の計《けい》」というのがある。これは、早く戦場に着くだけではいけない、やるべきことをやりながら、必要なことを身につけてからこそ、勝てる態勢をつくり上げることができるということだ。

043

相手の大きさにひるむな

山が高いからといって、
戻ってはならない。
行けば超えられる。
仕事が多いからといって、
ひるんではいけない。
行えば必ず終わるのだ。

モンゴルのことわざ

物事に取りかかろうという前に、その相手や目的物がやたら大きく見えてくることがある。

そこでひるんでしまい、あきらめてはいけない。

相手や目的物が大きく見えることは誰にもあることなのだ。

それだけやりがいのあることというわけだ。

どんなに高く見える山でも、行かねばならないというときは、歩み出した後、止まったり戻ったりしなければ必ず頂上に着く。そして超えられる。そのためには食料や防寒具、テントが必要となれば準備することも必要だ。

どんなに難しくて大量な仕事であるからといって、やらなくてはいけないものであれば、ひるんではいけない。他人の協力が要れば、助けを求めればいい。必要なのは、自分のやる気、根気である。ひるまず、あきらめない限り、必ず成し遂げられる。必ず終えることができる。

要は、すべてにおいて自分の意志と気力が必要なのだ。

044

主体的に生きよう

ライオンの尻尾になるより
犬の頭がまし。

西洋のことわざ

処世の術としては、日本のことわざにあるように「寄らば大樹の陰」とか「立ち寄らば大木の陰」が楽なようだ。

「親方日の丸」といういい方もある。

世の中は、より大きいものがうまくいくようにできている。

ところが、その大きいものが突然崩されることはある。社会が変わったり、事業がなくなることはよくある。

こういうときは、「寄らば大樹の陰」の生き方はつらい目にあう。悲惨なことも起きる。

一方、どこの国においても、そんな人のいいなり、流れにうまく乗っていくだけの生き方より、自分を前面に出し、主体的に生きていこうという生き方を選ぶべきだということわざがある。自分のやりがいが大きくなるというわけである。

ここでのことわざもそうである。

中国では「史記」の中の有名な言葉がある。

「鶏口《けいこう》となるも牛後《ぎゅうご》となるなかれ」というものである。

045

仲間がいるから遠くまで行ける

早く行きたいなら
ひとりで歩いてください。
遠くまで行きたいなら
ほかの者とともに歩いてください。

アフリカのことわざ

伊能忠敬《いのうただたか》は、4万キロメートル以上、地球一周分は優に歩いている。しかも測量しながらである。私も大学生のころ測量のアルバイトをしたことがあるが、自分の地元の範囲でさえ、二度とごめんこうむりたいほどの大変さだった。

伊能忠敬は60歳を過ぎているのにそれをやり遂げた。それも仲間がいたからできたに違いない。とても一人でやり通せるものではない。補い合い、励まし合い、誰か病気のときは休ませ治療させるからできたのだ。

フランスの有名な政治学者だったアレクシ・ド・トクヴィルは言った。

「寒さが厳しい地域に行けば、人は歩みをどんどん早くしなければならない。人の心の内で最も障害となるものは寒気のようなものだ。この恐ろしい障害に立ち向かっていこうと思うのであれば、人間は真剣に精神を働かせ、また友人とともに勤勉に働き、少しの間も休んではいけない」

046

苦労するから人は大きくなる

神は荷物を負うように、人の背中をつくる。

イギリスのことわざ

楽な人生は一見いいようで、実は大したことがない。

何のために生きているのか。

ただ死ぬまで息をしているだけなのか。それは確かに楽だろうが、大して意味があるものではなく、面白味にも欠ける。

やはり生きていてよかったと思えるのは、夢や希望を持ち、志を立て、途中苦労して頑張った自分を振り返るときである。

たとえうまくいかなくても背中に苦労や悩みや人の希望を背負っている人は、影も大きくなる。人間的にも成長する。

日本では徳川家康の言葉がこれに近い。

「人の一生は重荷を負うて遠き道を行くがごとし。急ぐべからず」

本物は、重い荷物を背負ってじっくりと進んでいくのだということだ。

047

自立自尊と人の和

私がいるのはみんながいるから。
みんながいるのは私がいるから。

アフリカのことわざ

「和を以て貴しとなす」のが聖徳太子以来（いやそれ以前からの）日本人の生き方である。

みんなで協力するという「和」の精神が日本の強みでもあった。

しかし、弊害もあった。他人に任せておけばよいという投げやりな人も生んだのだ。そこで福澤諭吉は『学問のすすめ』で自立自尊を説いた。自分こそ自立し、自分を尊重することがなければならないと。

ここのアフリカのことわざにあるように、今では自立自尊と、人の和との調和がいいという人が多い。

フランスのアレクサンドル・デュマ・ペールによる「みんなは一人のために、一人はみんなのために」（ALL FOR ONE ONE FOR ALL）という言葉は日本ではラグビーの世界で定着したが、このことをうまく表現している。あくまでも自立であり自己信頼だ。そしてそんな人たちが集まって仲間やまわりの人たちと協力し合うことで、大きな力となる。

決して甘えることもなく、他人にも感謝して生きる。それができれば何と素晴らしいことか。

048

苦さを知ってこそ、甘味もよくわかる

苦さの味を知らぬものは甘さもわからない。

ドイツのことわざ

このことわざの意味するところは、人生の苦しみを経験したことのない者に、人生の本当のよさはわからないということである。

または、人生の悲しみや苦さを知った者でないと、他人のよさも見分けがつくものではないということであろう。「涙とともにパンを食べたことのある者でなければ、人生の本当の味はわからない」という言葉もあるが、これも同じような意味である。

無理してつらい目にあったり、悲しいことを経験する必要はないものの、生きていくうえで人は必ずつらい目や悲しい目にあう。感受性豊かな人は、この経験をもとにして、その先の人生に生かしていくのである。

そうすることで、その人の人生は一味も二味もよくなっていく。他人からしても、そんな人にこそ頼りたくなる。何の苦労も、苦い経験もない人は、恐くて頼れるものではない。

だから、つらいことにあっても、これは自分のためになる経験だと自分を励ましたいものである。

049

あわてる乞食はもらいが少ない

ゆっくり行けば遠くへ行ける。

ロシアのことわざ

何事も急ぎ過ぎてはいけない。あわてて事を進めると大事なことが抜け落ちることが多い。

考えついたらすぐに実行に移すことはよいことではあるが、その後、結果を早く得ようとしてはいけない。着手はしても同時によく考えることをしなくてはいけない。

ゆっくりでいいから、落ち着いて、まわりの景色を楽しみながら行くと、あわてて行くよりも遠くに行くことができる。

先にご紹介した伊能忠敬は、50歳を過ぎてから天文の勉強を始め、後に15年間測量をしながら日本地図を作った。とても正確なものである。

歩いた距離は4万キロ以上で地球一周分はあったという。今でも車にただ乗って日本一周しようとしても、途中で挫折する人が多いのではないか。ゆっくりと、しかも測量をしつつ歩いたことの偉大さがわかる。

日本では「あわてる乞食はもらいが少ない」という。これもあわててしまうとかえってよい結果にはならないことをいっている。

050

ピンチを楽しめる度量が欲しい

バッファローに追われて
木のてっぺんに登るはめになったら――
景色を楽しみなさい。

アフリカのことわざ

「ピンチはチャンスだ」とよくいわれる。

しかし、ピンチのときは心は動転し、余裕がなくなりがちである。

だから、できるだけピンチが来ないようにと無難な生き方をする人も多くなる。

これを一概に否定することはできないだろう。

ただ、こうした無難な生き方をやめて、挑戦しようという勇気がある人がいる。

挑戦者は必ずピンチに陥るときがある。その連続といっていい。

その挑戦者は、ピンチになったときにも、まわりの景色を見る度胸がある。そして中には視野の広さを持っている人がいる。こういう人が何かをつかみ、あっと驚くような世の中のためになるものを生み出す。

ここのアフリカのことわざも実にいい。木の上にいて景色を楽しんでいる人の映像が浮かんでくる。

カップヌードルをつくった安藤百福《あんどうももふく》の言葉もいい。

「転んでもただでは起きるな。そこらへんの土でもつかんでこい」

051

つまずいても、めげない

つまずきは、
転落を防いでくれる。

イギリスのことわざ

誰もつまずきたくはない。

特に年老いてからのつまずきは、足を痛め、歩くことに支障をきたすこともあり、気をつけなくてはならない。それでも転落してしまうよりはいい。

ものは考えようで、そこでつまずかなければ、転落してしまうことだって考えられたのだ。だから不幸中の幸いともいえる。これに対して、若いときのつまずきはあったほうがいい。

いつまでを若いというかは一概にいえないが、20代、30代は当然若く、40代も場合によっては若いときとされよう。というのも40代でつまずいても、元に戻る、いやより強くなることが多いからだ。中にはすごい人もいて、50代、60代でつまずいても元気に戻り、さらにパワーアップする人もいる。

ここでつまずくとは、歩いてころぶことのほかに、人生上の失敗も含まれる。いつもつまずいてばかりではいけないが、少々のつまずきはいい。かえって元より元気になるし、転落する危険も防いでくれる。

052

やることを精いっぱいやる

人事を尽くして天命を待つ。

日本のことわざ

札幌農学校の初代校長・クラーク博士が残した言葉「少年よ大志を抱け」は、日本人のことわざのように広まった。新渡戸稲造が、札幌農学校に入学したときは、もうクラーク博士は帰国していたが、新渡戸は「われ太平洋の架け橋とならん」といって大志を立てた。「武士道」を英語で著し、それがベストセラーとなり欧米人の間でも有名な存在となった。国際連盟の事務局次長としても能力を発揮した。

その後、アメリカの日本人排斥運動に反発し、第二の祖国アメリカを嫌うようになったが、昭和天皇からアメリカとの戦争を避けるために尽力してほしいと頼まれ、そのために訪米し、全力を尽くした。

心身ともにボロボロになるまで頑張ったものの、それでも日米は戦争になってしまった（新渡戸の死後）。新渡戸は自らの大志のもと「人事を尽くして天命を待つ」の教えのように必死に頑張った。生きている間に天命はよい結果をもたらさなかったが、死んでからになってしまったが、戦後の日米の友好と自ら著した「武士道」は今も輝き続けている。

053

失敗するから、より進歩できる

ミスを犯さない人間には、
何もできない。

イギリスのことわざ

「失敗学」という学問の分野がある。日本がなぜ太平洋戦争に敗れたのかを考察した『失敗の本質』（ダイヤモンド社）という本も注目された。

それほどに人は失敗をどう捉え、それをどう乗り越えていくのかは、私たちが関心を持つものである。

子どものころ読む伝記でも、偉人は数々の失敗にめげず、それを糧にして、自分を進歩させていき、ついには、偉人と呼ばれるほどになったというのが定番である。

単に定番であるだけでなく、事実、その通りだったから説得力がある。

失敗を恐れるのは私たち凡人にとって致し方ない面がある。誰も自ら進んで苦労はしたくないからである。

それでも多くの人は、何かやろうとすれば、必ず失敗することになる。そこでくじけてしまってはいけない。せっかくもらった失敗という学びのチャンスを生かさない手はない。失敗するから、私たちは進歩、成長できるのである。

054

チャンスは何度かあると思え

神は一つのドアを閉めても千のドアを開けている。

トルコのことわざ

「幸福の女神には前髪しかない」との格言が、西洋にはある。

チャンスは滅多にないものだから、逃がさずつかみにいけというのだ。

これもわかるような気がする。そのチャンスというものを逃がさないために、不断の努力と準備が必要ということだ。

だが、そのチャンスを逃がしたらだめなのか。チャンスをつかんだほうがいいとは思うが「塞翁《さいおう》が馬《うま》」ということもある。一度のチャンスを逃したくらいであきらめたくもない。

ここにあるトルコのことわざには勇気をもらえる。頑張っている人には、チャンスは何度も与えられるのである。

千のチャンスがあるというからには結構な数である。ただ、いくらでもあると思わず、必ず何度かはあると思っているくらいが、積極的にチャンスをつかもうとするのでいいのではなかろうか。

055

意志の強さ

意志が重荷の半分を引っ張る。

アイスランドのことわざ

朱子の言葉に「精神一到何事《せいしんいっとうなにごと》か成《な》らざらん」というものがある。

日本人にもなじみの深い名言である。私も小学生以来、よくこの言葉を使ったが、今の体たらくはどうしたことか。

やはり最初の意志は半分ぐらいまでしか人間を引っ張らないようだ。

あとはその継続である。実行し続けることなのだ。努力を続ける、意志の力で立てた志を目標に勉強、修養し続けなくてはならない。

それでもまずは意志の力で始まるのだ。

西洋でよくいわれる「意志のあるところに道は開ける」もそうだろう。

意志の力があっての物事の始まりであり成就である。

あとは信念である。自分を信じて必ず達成するという思いを持ち続けることだ。

056

自分は幸運と思い込む

おのれの運を信じる者くらい運のよいものはいない。

ラテンのことわざ

日本のことわざに「運、根、鈍」というのがある。物事をうまくいかせるためには幸運であること、根気があること、鈍いといわれるほどにねばり強いことが必要だというのだ。

では、その運はどうすればよくなるのか。

人は運がよくなりたいと開運のお守りやグッズを身につけ、神社などによくお参りする。これは、自分には運があると思い込むためのまじないであろう。

幸運と不運は、理論的には誰もが公平に半分半分なはずだが、自分に運があると信じ、思い込んでいる人は、その運を見逃さないのだ。また、自分以外の神や物や人に感謝の気持ちを抱いている。結局、運は人が運んでくるものだ。こうした感謝の持てる人は人のためにあれこれと尽くしているところがある。だから運もよくなる。

イギリスの名宰相チャーチルもいっている。

「私は楽観主義者だ。それ以外のものであることは、あまり役に立たないようだ」つまり自分は運がいいと思い込むことである。

057

長所と欠点

人間の長所は欠点があるということである。

ユダヤのことわざ

リンカーンは「欠点のない人は長所もない」といったらしい。確かに欠点がないというのは何もしていないのと同じだからだ。

欠点というのは、他人に批判される性癖のことをいう。例えば、おしゃべりとか口が軽いとかである。

では、どうして人は他人の行動を見て、欠点といって批判するのであろうか。それは、それによって自分やまわりの人が迷惑したことがあるからである。

では黙っているといいのか。それは、長所なのか。黙ってばかりの人は、無口すぎるとしてこれも非難されることになるに違いない。

思うに欠点とは、その人らしい行為が少し程度を超えてしまうことだ。これは生きている以上仕方ないことも多い。いずれにしても他人の行いはすべて非難の対象になる。だから欠点というのは、その人らしい生き方をしている証拠でもある。いいかえると、欠点は、長所の裏返しなのである。欠点があるからその人の人生は充実していることになる。あとは、他人との関係で、それをどの程度抑えるかの問題だ。

058

長寿でいよう

お前百まで、わしゃ九十九まで。
共に白髪の生えるまで。

日本のことわざ

平均寿命が延びている。今では100歳を超える人も多い。

特に女性は平均寿命が80代後半にまでなっている。これは病気をして若くして死なない限りは、大体90年以上は生きることを意味している。

長寿となると、いわゆる〝ボケ〟つまりは認知症の問題も深刻となってくる。

しかし、ボケずに元気な長寿の人を見ると、何か目標を持って、仕事に精を出している人が多いようだ。目標といっても大げさなものではない。小さな畑の野菜づくりでも俳句でも何でもいいのだ。

先日散歩をしていたら、野菜づくりをしていた92歳のおばあさんが、自作の川柳を二、三教えてくれた。百田尚樹氏の『海賊とよばれた男』（講談社）を買って読んだともおっしゃっていた。ついでに里芋を数個いただいた。私はアブハジアという新興国（ロシアから独立した）にある次のことわざにとても納得した。

「怠け者が天寿を全うしたためしがない」日本人が長寿なのは勤勉の性質が強いからでもあろう。

059

不快なことは、次に楽しいときをもたらしてくれる

3月の風と4月のにわか雨とが5月の花をもたらす。

西洋のことわざ

私たちは、雨が降っていると何だか気分がよくない。一方、農家の人はときおり雨が降ってくれるととても喜ぶ。雨がないと農作物は育たないからである。

ここにあることわざを人生にたとえてみるとよくわかる。

風や雨は不快なこと、障害があることであろう。こうした風や雨があるからこそ、次に待ちに待ったきれいな花が咲いてくれるのだ。

人生も同じで、不快なことや障害があることで、何もない日の当たり前のことこそが幸せであることがわかるのだ。

また不快なこと障害があることで、人は、それをどうにかして乗り越えることで一歩一歩成長できる。

あるとき、毎日のように晴れているからといって、一日中釣りをしたり、野球観戦をしたことがあるが、二、三日すると、とてもつまらなくなったことがあった。

人生にとって、雨、風や不快なこと、障害があることにも意味があるのだ。

060

忍耐力

幸福の鍵は忍耐である。

アラビアのことわざ

イギリスのことわざに「自然、時間、忍耐は三大名医である」というのがある。

これは、人は少々傷ついても、忍耐をもって我慢しているうちに、よくなることをいっている。身体だけでなく、心の傷にもいえよう。

小説家、バルザックも「人力とは忍耐と時間の合成物である」という。

何事も忍耐なしには成し遂げられない。

忍耐というのは、あきらめてじっとしていることでは決してない。やるべきことをやっている者が、時間を味方にし、成り行きを見守っていることである。

すぐに結果が出ることは少ない。だから忍耐なしに幸福になることもうまくいくこともない。宗教家のディーター・F・ウークトドルフもいっている。

「忍耐とは、無抵抗にあきらめることでも、恐れて行動しないことでもありません。忍耐とは、積極的に待って耐え忍ぶことです」

忍耐は私たちの人生における攻めなのである。

061

愚直な人がいい

愚直に働く農夫だけが
最も育った
ジャガイモを収穫できる。

ドイツのことわざ

〝愚直〟というとバカ正直の意味で、ひたすら真っ直ぐに働き、人にもだまされやすい性格のことも意味しているようだ。だが、ここのことわざにある〝愚直〟とは、いい意味でひたすら勤勉な人のことをいっていると思う。

農作物をうまく育てるには、勤勉に働くことが大前提である。ある知り合いの農夫は教えてくれた。「野菜などの農作物は、農夫(農婦)の足音を聞いて育つ」

またここの勤勉とは、よく働くこととともに勉強が必須だ。種をまく時期、気温、種の種類のよしあし(場所によって違う)、肥料のつくり方、そのやり方、雑草の取り具合などなど大変な勉強量が含まれている。毎日毎日、自分の畑で研究している。これが愚直な農夫である。ジャガイモなどの農作物を育て収穫すること以外に欲はない。自分のやるべきことに、できる限りの知力と体力を向けて集中するのだ。こうした愚直な農夫は、私たちいろいろな仕事をする者にとっての、あるべき姿だ。愚直な人の多さが社会の健全性を決める。こういう人たちこそ社会のヒーローなのだ。

第4章

Kara Sea
Laptev Sea
Barents Sea
RUSSIA
KAZAKHSTAN
MONGOLIA
CHINA
IRAN
INDIA
Arabian Sea
Bay of Bengal
Philippine Sea
PHILIPPINES
VIETNAM
MALAYSIA
INDONESIA
PAPUA NEW GUINEA
MALDIVES
SRI LANKA
SEYCHELLES
COMOROS
MADAGASCAR
MOZAMBIQUE
MAURITIUS
SUDAN
SAUDI ARABIA
CYPRUS
ISRAEL
Cocos (Keeling) Islands (AUSTL.)
INDIAN OCEAN
AUSTRALIA
Tasmania
Coral Sea
Sea of Okhotsk
PALAU
FEDERATED STATES OF MICRONESIA
TIMOR-LESTE
French Southern and Antarctic (FRANCE)
Prince Edward Islands (SOUTH AFRICA)

戒め

Greenland
(DENMARK)
Greenland Sea
Baffin Bay
Davis Strait
Denmark Strait
Hudson Bay
CANADA
Labrador Sea
Island of Newfoundland
St. Pierre and Miquelon (FRANCE)
UNITED STATES
Los Angeles
ATLANTIC OCEAN
UNITED KINGDOM
IRELAND
PORTUGAL
Madeira Islands
Canary Islands
THE BAHAMAS
CUBA
Caribbean Sea
VENEZUELA
Georgetown
French Guiana
CAPE VERDE
Galapagos Islands
BRAZIL
PERU
Lima
BOLIVIA
SOUTH PACIFIC OCEAN
SOUTH ATLANTIC OCEAN
Ascension
Saint Helena
ARGENTINA
Montevideo
Tristan da Cunha
Gough Island
Falkland Islands (Islas Malvinas)
South Georgia and South Sandwich Islands

062

騙されない

ある男が初めて君を欺いたときには
彼を辱《はずかし》めるがいい。
しかし、その男が
もう一度君を欺いたのであれば
君自身を恥じるがいい。

西洋のことわざ

「騙すより騙されたほうがいい」という人もいる。そのわけは、騙す人は結局、人から責められるようになり、すべてがうまくいかなくなるからというものである。

だが、騙される人はたまらない。しかも二度以上も同じ人に騙された人も愚かすぎると批判されることになる。

フランスのラ・ロシュフコーはいっている。

「決して人を騙すまいという心掛けは、しばしば騙される羽目に我々を追い込む」と。

だから、あまりに堅苦しく、まじめすぎるのも考えものだ。

人は騙すこともある動物だと理解しつつ、自分は騙すことは基本的にないという生き方がよいようである。

063

一番偉い人というのは一番働く人のこと

主人はたいてい、その家の一番偉い召使い。

イギリスのことわざ

このことわざは、いろいろなことを教えてくれる。主人あるいは会社の社長などというトップは、一番忙しくして、一番働く人のことである。

だから、一番偉いからといって、ただふんぞり返って威張っている人では話にならない。

その家やその会社やその組織は必ずだめになっていく。「人に任せる」というのは聞こえがいいが、もちろん任せられる人を選び、任せたうえでも、ちゃんと見ておかねばならないのだ。

もちろん全責任は任せた自分が背負わなくてはならない。たまに任せたその人のせいにして自分には責任がないとする人も見かけるが、それまでの人となる。こんな人に人はついていかない。

さらに一番忙しい人、一番働かなくてはならない主人は、切りのないやることの中から、自分が何よりも優先してやらなければならないものを重要な順に選ぶ。もし任せられるものがあれば、それを選んで他の人にも任せるようにしなくてはならない。

064

まずは自己信頼、次に他人の知恵

みんなからの忠告に基づいて家を建てると、できた家はいびつになる。

デンマークのことわざ

人に相談し、いろいろな知恵をもらうことはいいことだ。

自分一人の考えは危なっかしいところがあるからだ。しかし、他人に相談し、ありがたい忠告をしてもらい、多くの知恵を授かるためには前提がある。このデンマークのことわざはそれを教えてくれる。

まずは、自己信頼。自分という人間の核たる方向性があることだ。

それなしにいろいろな人の忠告を聞いていったら、それこそいびつな考え方になってしまう。忠告だけに頼って生きてはいけないということだ。

ジョン・レノンも「人のいうことは気にするな。『こうすれば、ああいわれるだろう……』こんなくだらない感情のせいで、どれだけの人がやりたいこともできずに死んでいくのだろう」と警告している。

065

同じ失敗はしない

馬鹿は同じ石で二回つまずく。

ハンガリーのことわざ

「過ちを改めないのを本当の過ちという」という言葉がある。

すなわち一度のつまずきは誰にでもよくあることであり、何ら恥ずかしことではないのだ。

過ちをおかし、つまずくことで、自分の至らないところがわかり、それを改めることで進歩、成長がはかられるのである。

しかし、同じ過ち、同じつまずきはよくない。進歩、成長がなされていない証拠である。

これをハンガリーでは「馬鹿は同じ石で二回つまずく」という。

偉そうにいう私だが、実は同じ石に二度も三度もつまずくことがある。その度に自分の馬鹿さ加減にあきれてしまう。どうすれば二度も三度も同じ過ちをおかさないですむのであろうか。

私は、人に正直に自分の失敗談を告白して笑ってもらうことと、反省文を自分用に書くようにしている。あとは、役立つことわざ、格言を学んで同じ過ちをおかさないようにと、いつも戒めている。

066

仕事は食べるためと楽しむためにある

仕事をしなければ、ケーキはなし。

チェコのことわざ

このことわざは、「働かざる者食うべからず」とはいっていない。

ケーキがないといっている。

ケーキは食事以外の楽しみということだろう。

ということは、仕事をしない者は、人生で楽しいことを経験できないということではないか。

人は何のために仕事をするのだろうか。まずは食べるためであることは間違いない。

人間は皆、狩猟や農耕をして食べてきたはずだから、そもそもが食べるためであることが仕事の第一義であった。

それがだんだん家族制度、社会制度が進展し、富の蓄積をする者も出て、働かなくても食べていくことができる人も出てきた。

しかし、人はそれでも仕事に精を出す。

仕事をしない人は、変な人といわれる。

というのも、仕事は人生に生きがいと楽しみをもたらせてくれるものだとわかっているからだ。

人生を楽しむためにも、大いに働こうではないか。

067

短気は損気《そんき》

怒って投げた石では
鳥は仕留められない。

アフリカのことわざ

投げた石がなかなか当たらないと、かえってますます怒って石を投げがちなのが人間一般である。

冷静さを欠くと、当たるものも当たらなくなる。

どうすれば怒らないで、物事に対処できるようになるのだろうか。

普段から腹を立てないように、自分を戒める訓練をするしかないのではないか。歴史評論、時代小説などをたくさん読んで、強い人ほど、すぐ腹を立てたりしないことを知るのもいい。

いろいろ人や物事に怒りをぶつけてしまう人は、それが習性になっているようだ。

瞬間湯沸かし器などと他人からバカにされる人になってはならない。そんな人に他人は重要なことを頼まなくなるからだ。

権力を握っても怒りにまかせて判断していると、後々、後悔するはめに陥ってしまう。

「短気は損気」（日本のことわざ）なのだ。

068

心のこもったやる気のある仕事

やる気のない猟犬では痩せた兎《うさぎ》しか捕まらない。

オランダのことわざ

「病は気から」という言葉があるように、気というのは人の体や能力、力を左右する大切なものである。その気の実体は何かというと、西洋医学的にはうまく説明できない。

しかしやる気が仕事やスポーツの出来、不出来を左右することは、世界中でよく認められている。

西洋においても「ガッツ」とか「スピリット」は、重要なものとして要求される。

孟子は、気は志が率いているとする。佐藤一斎は気が充実しているとすべての仕事はうまくいくという。幸田露伴《こうだろはん》も気が体中の血液をリードしているとし、気力が充実していると体も丈夫になるという。

以上から、オランダのことわざにもあるように、この気がいいかげんでやる気のない者のなす仕事は、大したことがないのは当たり前である。

いい仕事は、心のこもったやる気のある者によってなされる。こういう人は何をやっても必ずいい仕事をする。

069

口はわざわいのもと

舌には骨はないが、
骨を砕くことはできる。

ヨーロッパのことわざ

わが国では「口はわざわいの門」とか「口はわざわいの元」あるいは「舌はわざわいの根」という。何気なくいってしまったことで、大変な災難を招くことがあるため、口は慎もうという意味だ。

ここに紹介したことわざの中にある「骨を砕く」というのは、古代ヨーロッパの処刑法の一つであるという。骨のない舌は、何でもいえる便利なものだが、わが骨を砕くことにもなる恐いものでもあるのだ。

口がわざわいのもとにならないためには、どうしたらいいだろうか。

基本は普段から、誠実な人であり、特に他人のためには骨を惜しまない人であるとの評判を得るくらいにしておくといいだろう。

そのうえで、しゃべり過ぎるのを戒めておくとよい。ただ、話をすることは人間の楽しみの一つである。だからどうしても話したくなる。これをわかったうえでのよい対策は、人の話もよく聞くように習慣づけておくということだ。自分の話よりも人の話を多く聞くという心掛けでちょうどいいようだ。

070

一人の知恵はたかが知れている

英知とはバオバブの木のようなもの。
誰も一人でそれを抱きしめきれない。

アフリカのことわざ

日本では「三人寄れば文殊《もんじゅ》の知恵」という。文殊とは知恵を司る菩薩のこと。凡人でも三人集まるといい知恵が出るということだ。

このアフリカのことわざは、三人どころかもっと多くの人の知恵を出し合って、英知を出そうというものだ。

というのも、バオバブの木というのはとても大きく、中には何千年もの古木で直径は10メートル以上になるものもあるそうだ。

サン＝テグジュペリの『星の王子さま』では、「教会堂のように大きな木だ」とある。

人は自分一人では大した知恵は出ないものだ。だからどうしても他の人と知恵を出し合ってよりよいものにしていかねばならない。

ただ難しいのは、全員が一致することも難しいし、その結論がいいとは限らないというところだ。喧々諤々《けんけんがくがく》ともみ合いつつ、その中から「これだ」というものを選ぶ。そしてうまくいかなかったら、次の知恵を選んでいくようにしたいものである。

071

納期は必ず守れ

遅れは危険を引いてくる。

古代ローマのことわざ

嫌なことは何となく先延ばしにしたくなるのが、私たち一般人によく見られる習性である。

嫌なものは見たくないし、考えたくもないからだ。

しかし、政治や仕事となると、これは許されない。大変な危険を招いてしまうからだ。ということは、できる限り、日常一般のことでも決められた日時は守ったほうがいいに決まっていることもわかる。

遅れると大変なことになることに、例えば軍事のことなどがある。北朝鮮の核開発防止を各国は何となく先延ばしにしてきた。気がついたらすでにＩＣＢＭ、水爆まで完成しているのではないかという。いつの間にか日本もすでに危険な状況におかれてしまっている。

軍事とまでいかないまでも、仕事で納期を守らないとどうなるか。

仕事相手は混乱し、対応策にあたふたする。場合によっては売上にも影響する。納期を遅らせた本人の信用は落ちてしまう（中には居直る人もいるが、将来必ず仕事のできない人となる）。

やはり遅れることは危険を招くと思うべきだ。

072

適切な目標を意識する

どこに行くのか知らないなら、
どの道を通っても同じだ。

スー族のことわざ

スー族とは、アメリカ先住民（いわゆるインディアン）の部族の一つである。

インディアンは、アメリカ大陸の侵入者たる白人のように、自然や他民族を虐殺してでも自分たちの目標とする領地を支配していこうという生き方をしているわけではなかった。

自然と共存しつつ、日々を生活していけばよかった。しかし、それでも日々を豊かに生きていくためには目標が必要と考えた。

例えば、この季節はバッファローがどこに移動していくから、自分たちもどう移動し、そのうち何頭を食料にするのだというような目標である。

目標は、バッファローを決して絶やさないためにも必要であった。

ただ欲の満足、よりお金持ちになろうとするために何頭でも殺すということはなかった。

適切な目標を持つことは、人生や生活を円滑にしていくためにも必須となるものだ。

073

教育は重要である

理想のない教育は、未来のない現在と変わらない。

ユダヤのことわざ

私は、いわゆる強烈な反日教育を受けてきた世代である。しかし、当時を思い出すと、そこでは同時に未来への明るい希望や理想と、思想信条の自由は教えてもらってきた。このことは、私は当時の恩師たちにとても感謝している。ユダヤ人が強いのも、ここにある教育観を皆抱いているからだろう。

だから戦後も日本人はバランスよく活躍でき、今も健全なる若者が次々と希望を持って社会に挑んでいる。

特定の国や思想、信条をすべて否定するような教育は、希望と思想信条の自由を侵す、人類の歴史に逆行するものである。そんな教育をしていると若者の希望ある人生は制限されてしまう。いつの時代も未来を開いていく中心は若者である。その人たちのそれぞれの人生を実り多きものにするにおいても教育の役割が大きい。何よりも個人個人が理想を抱いて自分の人生を思うように生き抜くために、希望と思想、信条の自由を教えていかなければならない。あとは世の中を愛し自分を愛し、よい方向に変えていくぞという個々人の強い想いを見守る柔軟な社会をつくりあげていくことだ。

074

いつまでも青春でいよう

身体の老いは怖れないが、
心の老いが怖ろしい。

中国のことわざ

どうせなら、死ぬまで若々しくいたい。

人生の理想は、10代の終わりから20代前半のような、心が生き生きとし、全身もエネルギーに溢れているような生き方を続けることである。

しかし人は年を取る。体は衰えていく。その体の衰えは仕方ないものの、心の若さと、物事への情熱を失わなければ、充実した一生を送れるのだ。

戦後、GHQのマッカサーの部屋にかけてあり、松下幸之助をはじめ、多くの日本人が共鳴したサミュエル・ウルマンの詩がよく知られている(訳・作山宗久)

「青春とは人生のある期間ではなく、心の持ち方をいう。

(中略)

年を重ねただけで人は老いない。

理想を失うとき初めて老いる」

この「青春」と題された詩はまだ続く。そしてこう締める。「20歳だろうと人は老いる。頭を高く上げ希望の波をとらえるかぎり、80歳であろうと人は青春の中にある」

075

見かけにだまされない

真理は顔だちはよいが、粗末な着物を着ている。

イギリスのことわざ

見かけも重要だが、その見かけ以上に大事なのが中味である。

中味とは真理とか本当の姿のことを指す。

見かけも重要といったが、見る目がある人が見ると、その中味は、見かけにも出ているのがわかるからである。見かけも中味（真理）が一体となってこそいいものを醸し出す。

私たち凡人は、ついちょっとした見かけに騙されてしまうこともある。粗末な着物を着ているからといって、その人の中味（真の姿、真理）を見落としてしまうのである。こちらの実力が増していくと、粗末な着物を着ようが、見かけがちょっと悪かろうが、真の姿が見えるようになる。粗末に見えた着物もなかなか味があるとわかるようになる。

そうなるまでは、見かけにだまされないように自分を戒めていきたい。そうはいっても、あまりにも見かけが悪くて、中味もないような人や物とは、距離を置いてつき合っていいだろう。近づくには危険があり過ぎるからだ。

076

一秒たりとも無駄にする時間はない

神はつかの間の人生から、釣りに費やした時間を差し引いてはくれない。

バビロニアのことわざ

マンガ、そして映画でも人気があった「釣りバカ日誌」は、ある種ビジネスマンの夢のような物語である。日本人が「水戸黄門」に喝采を送るのにどこか似ている。主人公は出世よりも好きな釣りにうつつを抜かすが、その誠実な人間性が釣りを通してビジネスでも大成功するのにつながっていく。しかし、あくまで本人は〝釣りバカ〟でありたいのだ。

ここのことわざも釣りを否定しているのではない。ただやるべきことから避けるため、怠けるためのこととして釣りをすることを例としている。

特に現代のストレス社会では、精神の健全性を取り戻すための趣味として、あるいは、自由に思索する時間として釣りをするのはいいことだろう。

ただ、一般論として一秒たりとも無駄にする時間はないと思いたい。人生は短い。やることは多い。無駄な時間を過ごす余裕などない。そのことに気づいたうえで、自分の楽しみ、ストレス解消の手段として余暇を楽しみたい。そうすると趣味の釣りも一層面白くなる。

077

いつまでもぐずぐずしない

決定のときがきたら、
準備のときは過ぎ去っている。

アメリカのことわざ

チャンスというものは何度か訪れる。ただ、いつもというわけではない。

だから、準備、努力をする人は、ここがチャンスだと思ったときは、「もう今が決定のときだ。準備のときは過ぎ去った」と自分に言い聞かせて、行動に移さなければならない。

基本は準備、努力を続けていること。そして思い切り覚悟のある決定をすることである。

世界のホームラン王として監督、球団経営に結果を残している王貞治氏は述べる。

「名選手になることは難しくない。努力を怠らず、目の前にあるものをキッカケを逃さずに、確実に掴んでいけば、必ずどうにかなる」

卑近な例で申し訳ないが、あるテーマで原稿を依頼されたとき、私はそれは決定のときと思い、ほとんどそれを引き受ける。自分に書けるだろうかと思うといつまでも書けない。準備をするときは去ったのだと覚悟する。そして書きながらもそれについての勉強をする。決定のときと思うと、何とかやれるものだ。

078

一生が学びだ

少年老いやすく学成り難し。

中国のことわざ

このことわざの出所は朱子といわれてきたが、中国では朱子以前からよく使われていたようだ。

日本でも、佐藤一斎が似たようなことを書いている。また、一斎の言葉の中で一番有名なのが次の文章である。「少にして学べば、則ち壮にして為すこと有り。壮にして学べば、則ち老いて衰えず。老いて学べば、則ち死して朽ちず」つまり一生学びなさいということだ。

それにしても、若いときというのは格別だ。というのも、若いときというのは頭は吸収力に富み、エネルギーも充分あるからだ。例えば、同じ能力の人が20代で学び始めるのと30代で学び始めるのとでは、全然効果は違ってくる。私と妻の大学時代の英語力はほぼ同じだったが、彼女は20代から、私は30代から本格的に学んだものの英会話力においては（翻訳能力は別にして）はるかに私が劣ることになってしまった。

せっかくの人生である。その人に眠っている才能を開花させないともったいない。一生学ぶべきだが、特に若いときというのは無限に近い可能性を備えている。

079

集中力と信念

多くに手を染める者は
やり遂げること少なし。

ドイツのことわざ

昔、最高検の検事と一緒に地下鉄に乗っていたとき、彼のオランダ留学時代のエッセイを見せられた。「一芸は道に通ずるですね。さすがにこれはいいエッセイです」とほめた。

学者の道に転じられ、わが母校のゼミに招かれたときのことだった。「一芸は道に通ずること」だから、この先生に人生の道を学ぶことはよいことだと後輩たちが持ち上げた。

トイレまでついてきて手を握ってお礼をいわれた。後がいけない。刑事訴訟の本を書いてもらおうとしたが、やれベンツを運転させてくれ（スピードを出して危なかった）、ゴルフの打ちっぱなしがしたいなどとおっしゃった。

車の運転もゴルフも超下手で目も当てられなかった。なんだか何でもできると錯覚しているらしい。私は反省した。余計なお世辞をいってしまったと。「もちはもち屋」である。自分にやれることは限られている。それに打ち込んでこそ「一芸は道に通ずる」と思った。やたらと多くに手を染めてはすべてが台無しとなる。

080

健康的な生活

百人の医者を呼ぶよりも、
夜更かしと夜食をやめよ。

スペインのことわざ

東大病院に長く入院しているときに、隣のベッドの大先輩が（70歳近い方）、いつも夜中の12時くらいに抜け出していた。

「何をなさっているんですか？」と聞いたら、カップラーメンを食べに行っているという答えが返ってきた。60歳を過ぎて定年を迎え、離婚して気ままな生活を送っていた彼は、夜更かしと夜食の常習犯だった。入院患者にそれを許していた病院の寛大さにも驚いた。

男性は妻が先立ったり、離婚したりすると長生きできないといわれるが、こういう不健康な生活習慣をつくることも一つの原因ではないか。

若いときの夜更かしと夜食は楽しい。20数年前、いわゆる白夜のヨーロッパに行ったことがある。夜10時はまだ宵の口という感じだった。日本人が長寿なのは、白夜がないことも一因ではないかと思ったほどだ（少し大げさだが）。いずれにしても夜更かしと夜食は30代にはやめたい。40代以降は絶対やめたほうがいい。特に50代を過ぎるとご法度である。何も死に急ぐことはない。楽しみ方は他にもいっぱいある。

081

取らぬ狸の皮算用

まだ産まれていない卵を
気にかけるな。

ドイツのことわざ

将来への希望とか楽天的な性格とかは、とても有用なものである。

ただ、ここにあることわざの真意は、それらを超え、何の努力もしていないのに、こうなったらいいなと期待するだけでは、だめだよというものである。

ニワトリが卵を産むためにはほどよい小屋をつくり、よいエサをあげるなどの努力が欠かせない。ただ漫然と期待するだけでは、決してよい卵は生まれてこない。

私の祖母はニワトリを飼っていた。いわゆる放し飼いで、エサは新鮮な魚や野菜を煮込んだものである。これを毎日大釜で煮た。幼い私は手伝った。その苦労の末に美味しい卵は生まれてくる。

ニワトリは放っておけば卵を産むのではと考えていた私は、物事にはそれ相応の準備がいるのだなと知った。

これは、人生のすべてに当てはまるものだ。

何もしないでいれば、それなりの成果しかない。

準備を怠らず、勤勉に物事に集中していれば、そのうちに必ず成果は出てくる。

Kara Sea
Barents Sea
Laptev Sea
RUSSIA
Sea of Okhotsk
KAZAKHSTAN
MONGOLIA
GEORGIA
CYPRUS
IRAN
CHINA
SAUDI ARABIA
Muscat
Karachi
Mumbai
INDIA
SUDAN
ETHIOPIA
Arabian Sea
Bay of Bengal
Hong Kong
Macau
Philippine Sea
VIETNAM
PHILIPPINES
PALAU
FEDERATED STATES OF MICRONESIA
MALDIVES
SRI LANKA
Mogadishu
MALAYSIA
INDONESIA
Jakarta
PAPUA NEW GUINEA
TIMOR-LESTE
Dar es Salaam
SEYCHELLES
COMOROS
Cocos (Keeling) Islands (AUSTL.)
MOZAMBIQUE
MAURITIUS
MADAGASCAR
Reunion (FRANCE)
INDIAN OCEAN
AUSTRALIA
Coral Sea
SWAZILAND
LESOTHO
Tasmania
Prince Edward Islands (SOUTH AFRICA)

第5章

真理

Greenland
(DENMARK)
Greenland Sea
Baffin Bay
Davis Strait
Denmark Strait
Hudson Bay
CANADA
Labrador Sea
Island of Newfoundland
St. Pierre and Miquelon (FRANCE)
ATLANTIC
OCEAN
UNITED KINGDOM
IRELAND
PORTUGAL
Madeira Islands (PORT.)
Canary Islands
UNITED STATES
Los Angeles
Gulf of Mexico
MEXICO
THE BAHAMAS
CUBA
Caribbean Sea
CAPE VERDE
VENEZUELA
COLOMBIA
French Guiana (FRANCE)
Georgetown
Galapagos Islands
PERU
BRAZIL
BOLIVIA
Lima
SOUTH PACIFIC
OCEAN
Ascension
Saint Helena
SOUTH
ATLANTIC
OCEAN
ARGENTINA
CHILE
Montevideo
Tristan da Cunha
Gough Island
Falkland Islands (Islas Malvinas)
South Georgia and South Sandwich Islands

082

若さとは柔軟性のこと

柔軟性を持っている者は、いくら年をとっても若い者だ。

ユダヤのことわざ

105歳で亡くなられた日野原重明《ひのはらしげあき》氏は、100歳を過ぎても、医師としての仕事をされていた。

102歳のころの講演DVDを観たが、元気いっぱいでその話もよくわかった。

その日野原氏は、ユダヤ系オーストリア人の哲学者、マルティン・ブーバーの「始めることさえ忘れていなければ、いつまでも老いることはない」という言葉を信奉されていた。

この言葉もユダヤのことわざと同じく、その柔軟性が何歳になっても元気である理由であるということだろう。

かつての日本では隠居という老人向けの生活方法があった。今でいう定年のようなものだ。

しかし、隠居しようが、定年になろうが、そこから自分のやりたいことに手をつける人はいる。そんな人は、いつまでも若くて元気だ。

「なりたかった自分になるのに、遅すぎるということはない」(ジョージ・エリオット)のである。

083

失敗をしなければ、生きている意味が少なくなる

間違いをせずに生きるものは、
それほど賢くない。

フランスのことわざ

日本が誇る自動車メーカーのトヨタが世界のトップ企業であり続けることができるのは「改善」をしていくという哲学があることも大きい。「改善」という言葉は世界的に定着し、カイゼンと呼ばれている。

要は、間違えたり不具合が起きるからこそ、よりよいものになっていくのだ。

トヨタはもともと自動織機を作る会社だった。

日本人の手による自動車産業を興そうということで豊田《とよた》喜一郎《きいちろう》は無謀ともいえる自動車づくりに挑戦した。間違いの連続、失敗の連続である。こうしたミスをしないと、次によくなるチャンスはなかった。こうして日々「改善」することで、消費者の喜ぶ自動車ができるようになっていった。

私は、トヨタの成功を見るとき、いつもエルバート・ハバードの次の言葉を思う。

「人生で犯す最大の誤りは、誤りを犯しはしないかと絶えず恐れることだ」

084

旅の効用

ロバが旅に出かけたところで
馬になって帰ってくるわけではない。

西洋のことわざ

日本ではよく「可愛い子には旅をさせよ」といわれる。ここで「旅をさせよ」とは、広く世間に出て一人で苦労してみよということだろう。

親からしてみると、可愛い子どもは危ない目にあわせたくない。だが、それでは子どもの成長も止まりやすい。

歴史的にも、旅に出て、流れ者のように苦労してから大物になったという人は多い。

日本では豊臣秀吉、アメリカではベンジャミン・フランクリンなどがその例である。

要するに、問題意識、目的意識を持てるかどうかの違いであろう。

何の問題意識、目的意識もないままに、旅行をしたり、海外留学をしたりしても、ここのことわざにあるように人間の本質は変わるものではない。

志や夢の大きい人は、旅で人に会い、土地、自然と触れることで大人物となれる。

ただ、漫然と旅に出、留学をしても、面白おかしいだけに終わり、「旅の恥はかき捨て」の人となりやすい。

085

覚悟をしている人は強い

濡れているものは雨を恐れない。
裸の者は盗賊を恐れない。

ロシアのことわざ

人間、覚悟を持つことほど強くなるものはない。

いわゆる葉隠武士道では、「武士とは死ぬことと見つけたり」とした。

つまり、毎朝、死ぬ練習をしているので、恐いことなどない。自分はすでに死人のようなものであり、正しいと思ったことをやり通し、これに敵対するものがあれば、死んでもやり抜くだけだとなる。

ある意味、その日を一生と思い、手を抜くことなく、生き切るということになる。

だから、船に乗って、嵐にあい、ずぶ濡れになっている自分を想像し、悪戦苦闘しながらも死んでいく自分がいるというイメージトレーニングや覚悟をしていると、雨に濡れることなど恐ろしくもない。

このように真剣な覚悟さえしてしまえば、大抵のことは何でもなくなる。

つい楽をして、嫌なことに遭遇しないことばかりを願って暮らしていると、かえって人は弱くなる。覚悟して生きることで人は強くなれるのだ。

086

知恵の使い方

幸福に恵まれるために
知恵はいらない。
しかし、この幸福を活かすためには
知恵がいる。

ユダヤのことわざ

これまでにも述べたように幸福というのは、何でもない平穏な日常を送ることができることである。

これに気づくことには大して知恵はいらないかもしれない。

ところが、この幸福を維持し、守っていくことには知恵がいる。ユダヤのことわざにある、幸福を活かすためには知恵がいるというのはこのことを指している。

例えば、健康な体は、知恵がなくても存在するのかもしれない。しかし、暴飲暴食や運動をしない生活を続けると、健康は確実に損なわれ始める。

健康な体から、病気の体になってしまったとき、これをどうやって治していくかは大変知恵のいることである。科学的な西洋医学を受けつつ、漢方の知恵も借りる。不健康な生活を改め、健康生活に変える。適度な運動をするなどである。どうすれば一番いいかは、なかなか見つけられないほど奥が深い。

健康だけでなく仕事でもそうだが、創業の成功より守成の事業存続のほうが難しく、多くの知恵がいるのである。

087

自助の精神

天は自ら助くる者を助く。

イギリスのことわざ

この言葉は、サミュエル・スマイルズのものと思われているふしもあるが、イギリスに古くからあることわざのようだ。現に、その前にベンジャミン・フランクリン（アメリカ建国の父）も格言として紹介している。

サミュエル・スマイルズの『自助論』は世界中で読まれたが、日本では明治4年に中村正直が『西国立志編』と訳して出版している。これが福澤諭吉の『学問のすすめ』と並んで大ベストセラーとなり、明治の青年に大きな影響を与えた。

その書き出しは、こう始まる。

「『天は自ら助くる者を助く』という格言は、人類の多くの試練を経て生み出された。この短い言葉には、数限りない人々の経験から導き出された、人生で成功するための法則が示されている。自ら助くという、自助の精神は、人間が真に成長していくための根本となるものである」

とても格調の高い文章である。新時代を開くぞとの思いがいっぱいの明治の若者が競って読んだのがわかる。

088

健康・健全な人

健全なる精神は健全なる身体に宿れかし。

ヨーロッパのことわざ

この言葉については、様々なところで議論がされている。

日本では昔から「文武両道」といわれてきた。その意味するところは、「学問によく学び、剣の道にもよく励むことによって本物の武士となる」というものだ。

今はこの「文武両道」は、いわゆる進学校でスポーツも強いことの代名詞として用いられることが多い（使い方を少々間違えているようだが）。

人間は元来動物である。動物であるが考える葦《あし》でもある（パスカル）。

だから健全な精神を持ち続ける工夫をすると同時に、健全な身体を目指して鍛えておくべきものである。

バランスよく精神と身体を保つために、工夫、努力をしておくのが人間の理想である。

089

人は出会いで人生が変わる

山と山は出会わないが
人と人は出会う。

アフリカのことわざ

人が面白いのは、その人の人間性、能力だけで人生が決まるわけではないということである。人は人と出会うことで人生が変わり、人生が決まるといえるのだ。

もちろん、どんな両親の血を受け継いで生まれたのかの影響は大きいが、兄弟はどうか、どういう人に習ったか、友人にどんな人がいるのかが、遺伝以上に影響する。

それればかりか、大人になって外の世界に出ていくうちに、決定的ともいえる出会いはある。

例えば、坂本龍馬は高知から出て、江戸に行き、そこで勝海舟を暗殺しようと乗り込み、逆にその人物に惚れ込んだ。これで日本を変える英雄の一人になっていく。

世界中にこのような例は限りなくある。私たちだって運命の人に出会うことはある。

山は偉大で素晴らしいが、人間も、それ以上に素晴らしくもなれる。それをもたらしてくれるのは、人との出会いである。

090

雄弁と沈黙

雄弁は銀、沈黙は金。

ヨーロッパのことわざ

このことわざの意味するところはこうだ。
雄弁であることは大きな武器となり、役立つことが多い。しかし、さらに重要なことは、ときに沈黙することが、その雄弁さより勝ることをよく知り、実践するということである。

もともと東洋では、おしゃべりな男はレベルが低いとされてきた。特に日本の武士道においては「剛毅朴《ごうきぼく》訥《とつ》」(意志が強く飾りけがなくて口数が少ないこと)がいいといわれていた。

しかし西洋では、ディベートにみることができるように、雄弁であることは能力が高いとされてきた。

東洋でも、日本以外の中国人や韓国人はよくしゃべる。

現代では日本でも少しずつ話す力、話す技術への関心が高まっている。それでも、人間関係では聞くほうを意識したほうがうまくいきやすい。これに沈黙できる判断のよさがあれば鬼に金棒である。

「沈黙は金《きん》」であることを意識しておきたいものだ。

091

長所を伸ばす

一芸は道に通ずる。

日本のことわざ

人間は誰もが長所と短所が混在している。

完璧な人間など存在しない。では、その欠点を直すということに力を入れるということはどうであろう。欠点を直すことで、よりよい人になっていくことができるはずである。

ところが、この欠点を直すというのは、本当に難しい。少しはよくなることはあろうが、完全に直るにまではなかなか至らない。それより、長所を伸ばすほうが楽だし、本人もうれしい。

日本のことわざにここで紹介した「一芸は道に通ずる」というものがある。一つのものを極めていくと、他の分野でも上達の道がよくわかり、今まで欠点のように見えたものでも、長所に変えられることがあるというものだ。

例えば、剣の道を修めた宮本武蔵や柳生宗矩《やぎゅうむねのり》などは晩年兵法のみならず、武士の生き方、政治のあり方、芸術などにも通じるようになった。私たちも、自分の得意とするところを大いに伸ばすことで、欠点も見えなくしていきたいものだ。

092

雑用を一流にこなせる人は、一流の仕事ができる

一杯のお茶、
それをきちんといれることができたなら、
あなたはすべてのことができるはず。

イスラムのことわざ

雑用を馬鹿にしてはいけない。一流の雑用ができる人は、必ず一流の仕事ができる人である。

豊臣秀吉は、お茶のいれ方がいいからといって寺の小僧だった石田《いしだ》三成《みつなり》を登用した。

三成は秀吉の下では最高の部下の一人であった。ただ、秀吉の死後は、義を貫くことで徳川家康に敗れた。三成を生かしてくれる人がいなくなったための悲劇である。あるいは、権力者に登用され錯覚してしまった人間の悲劇でもある。

しかし、三成がいて関ヶ原の戦いがあったからこそ、日本武士の義の厚みがある歴史となった。

お茶をいれるなどの雑用力プラス人望、度量の大きさがあれば鬼に金棒であるといえる。

会社などで偉い立場であり続けると退職後、料理の一つも、それこそお茶をいれることもろくにできなくて、悲惨な老後を招く人も多いという。

お茶をいれる、コピーをとる、お使いを果たす、これらの雑用をないがしろにしてはいけない。「神は細部に宿る」のである。

093

世の中は役割分担

水は飲めるが燃えはしない、
石油は燃えるが飲めはしない。

サウジアラビアのことわざ

日本では水はほぼただで手に入れることができるので、石油の確保のために戦争を起こすはめに陥った日本人からすると、石油は水よりもずいぶん価値があると思うところがある。

しかしサウジアラビアなどでは水は貴重極まりない。何にしろ飲み水がないと、生きてはいけない。最近は日本でも高価な水が出てきており、ただでという訳にはいかないようになっている。

要するに、水も石油もなくてはならないものである。時代、時代でその価値の比重は移り変わるだけだ。

同じように、私たち人間にも、役割分担がある。ただ、やはり、時代、時代で脚光を浴びる人、大きく注目される人は違う。

しかし、違うからといって、その役割分担を忘れてしまうと、世の中はうまく成り立たない。だからたとえ今、時代に合っているからといって、有頂天になることなく、また、流れに乗っていないからといって腐ることもなく、自分の役割に邁進していきたいと思う。

094

思いやりのある言葉

適切な言葉は病んだ心を治す。

イギリスのことわざ

「口はわざわいの元」でもあるが、適切な言葉は、人間に与えられた最高のプレゼントの一つである。

私はエマーソンの「心の奥底に達して、あらゆる病を癒せる音楽、それは温かい言葉だ」という名言を座右の銘の一つにしてきている。

私は死ぬかもしれないという病いで入院しているとき、人々の励ましの声や看護師さんたちの温かい言葉にどれほど癒されたか。もちろん医学的見地からの治療も重要である。しかし、やはりその前提になるのは、病んだ人の心に元気さをもたらすことであろう。

論語の中で、孔子は最高の人格を仁とした。仁というのは適切な思いやりができること、適切な言葉をいえることである。

適切な思いやりや言葉というのは、なかなか難しいが、相手の気持ちをよく慮《おもんばか》って、今、一番役立つだろうと思えることを選んでする行動と言葉のことである。このことができる人は何をやっても一流の人となれる。

095

無理が通れば道理が引っ込む。

道理が最後に勝つ

日本のことわざ

無理を通す人がいる。

無理を通す組織や無理を通してしまう社会、国もある。

どうして無理が通るのかというと、声が大きいとか、賄賂のおかげとか、えこひいきで判断してしまうとかである。

どうせ世の中はそんなもんさと思いたくなることもある。

しかし、そんな無理が通ってしまう組織や社会、国家は、道理という正しい道が引っ込んでしまう。すると、その組織や社会、国は必ずだめになっていく。

そのだめになっていく期間は、すぐにというものから何年もかかる長いものがあるところがもどかしい。

孫子は兵法の基本に五事というものを挙げている。これをないがしろにした者は、結局勝てないとする。その五事とは、道、天、地、将、法である。道と法も道理である。

道理が引っ込むところは必ずだめになる。

096

忙しぶる人はつまらない人

何もすることのない人は、
いつも誰よりも忙しがっている。

フランスのことわざ

私の長年のビジネス経験でわかったことは、力があり、やることを沢山抱え、それをテキパキと重要度順にこなしていく人は決して忙しぶらないということだ。

逆にいつも忙しい自分を演じ、忙しいことを大げさに口にする人は大した仕事をしていない。時間も守らないような人が多かった。

だから、自分も決して「忙しい」とは口にすまいと心に決めてきた。

実際、忙しいことは感謝すべきことだ。それだけやるべきことがあるのだから。期待もされていることになる。

それを「忙しい、忙しい」といい散らしている人は、自分をあてにするなといっているに等しい。要するに仕事をしたくないか、何もすることがない人であるのがほとんどである。

本当にやることが多い人で優秀な人は、自分でできることを決め、あとは人にやってもらう。決してすべてを自分で抱え込まない。

だから「忙しい」ふりを見せることはない。

097

人に教わる

机越しに交わす賢人との問答は、一か月間の読書と同じ価値がある。

中国のことわざ

慶応義塾の名塾長として、また、皇室の教育係としても有名だった小泉信三は「人生において万巻の書を読むより、優れた人物に一人でも多く会うほうがどれだけ勉強になることであろうか」といった。

ただ小泉はこうもいっている。

「私などのように読書が仕事のような生活をしているもの」(『読書論』岩波新書)と。

つまり日々読書と思索をしている人は、短い時間であっても人から直接教わることの価値がわかるということだ。

中には読書をしているから「オレは偉い」と錯覚する人がいるが、これは実は真の読書家ではない。

本を読み、思索し、向上している人は、会う人の素晴らしさをよく理解できる。そこから得ることができる。

結局、人にも本にも、よく学ぶ人がいい。

そうすると、人から教わる価値が本に優ることがあることがよくわかる。また、読書をして何かを得られることの喜びもだんだんわかってくる。

098

賢者の学び方

経験は愚者の、
理性は賢者の教師。

ドイツのことわざ

ビスマルクは「愚者は経験に学び、賢者は歴史に学ぶ」といったという。

この言葉は、ここのドイツのことわざと似たところもある。ひょっとしたらドイツ統一の大功労者ビスマルクは、このことわざに影響されてそう述べたのかもしれない。

理性を重んじるのはドイツ人らしい。大哲学者・カントの代表作にも「純粋理性批判」「実践理性批判」がある。

一方、アメリカは経験哲学とか経験論とかが隆盛であり、ドイツの考え方と少し違った。

経験も大いに生かして、学ぶ対象とするのである。

思うに経験に学ぶことは必要なことである。これを愚者ともいえまい。ただ、経験だけでなく、読書などもし、よく思索し、あるべき姿、将来の目標などを見極めていくことはより重要である。

099

介在者のありがたさと難しさ

翻訳は女性のようなものである。
美しければ忠実じゃないし、
忠実であれば美しくない。

ポーランドのことわざ

吉田松陰は伊藤博文（わが国の初代総理大臣）の能力をそんなに買ってはいなかったようだ。しかし〝周《しゅう》旋《せん》家《か》〟としての才能で役立つ人となると見た。周旋家とは人と人の介在を通してその間をうまくまとめていき、大きな仕事とする人のことをいう。つまりは翻訳する人である。人の考えや文章を別の人が読める形で伝えたり、文章にしたりする人のことである。

翻訳、介在、周旋は難しい。その仕方で本人の顔や形がまったく別のものとなる。

ここのことわざのように、翻訳する人によって美人にもなり、不美人にもなる。

伊藤博文は大久保利通をリーダーとしてうまく立て、西郷隆盛一派を追いやった。日本の内政のためにはそれがいいと思ったのだろう。後には欧州の憲法を学び明治憲法をつくった。すごい翻訳者、周旋家であった。さすが松陰の見る目は鋭かった。

私たちも一人だけでは世の中うまくいかない。よき翻訳者、介在者、周旋家を常に探しておくべきである。

100

時を待つ

待つことができる者は
多くを成し遂げる。

ドイツのことわざ

中学校三年生のとき、田舎の駅前の本屋さんにふらっと入った。

当時、大ベストセラーだった松下幸之助の『道をひらく』（PHP研究所）が山のように積んであった。何気なく開いてみると、そこに「時を待つ心」について次のように書いてあった。

「悪い時が過ぎれば、よい時は必ず来る。おしなべて、事を成す人は、必ず時の来るのを待つ。あせらずあわてず、静かに時の来るを待つ。時を待つ心は、春を待つ桜の姿といえよう。だが何もせずに待つ事は僥倖《ぎょうこう》を待つに等しい。静かに春を待つ桜は、一瞬の休みもなく力を蓄えている。たくわえられた力がなければ、時が来ても事は成就しないであろう」

　ここにあるドイツのことわざの意味を見事に解説してくれている。待つことのできる者は、日ごろの努力を怠らない。しかし、成果をあせらない。いずれ時が来るさと楽天的である。

　すぐの結果を求めすぎてはいけないのである。

遠越《とおごし》 段《だん》

東京生まれ。早稲田大学法学部卒業後、大手電器メーカー海外事業部に勤務。

1万冊を超える読書によって培われた膨大な知識をもとに、独自の研究を重ね、難解とされる古典を現代漫画をもとに読み解いていく手法を確立。偉人たちの人物論にも定評がある。

著書に『スラムダンク武士道』『スラムダンク論語』『スラムダンク孫子』『ワンピースの言葉』『ポケット判 桜木花道に学ぶ“超”非常識な成功のルール48』『ポケット判 人を動かす! 安西先生の言葉』『世界の名言100』『心に火をつける言葉』『ゼロから学ぶ孫子』『最強の読書』『総理の言葉』(すべて総合法令出版)などがある。

世界のことわざ100

2018年1月28日　初版発行

著　者　　遠越 段

発行者　　野村 直克
ブックデザイン　和全（Studio Wazen）
装丁写真　©Milan Jurek/500px/amanaimages
発行所　　総合法令出版株式会社
〒103-0001
東京都中央区日本橋小伝馬町15-18
ユニゾ小伝馬町ビル9階
電話　03-5623-5121

印刷・製本　中央精版印刷株式会社

 ISBN978-4-86280-597-3

総合法令出版ホームページ　http://www.horei.com/